U0579189

大数据背景下人力资源管理模式创新

郝丽静 ◎ 著

吉林出版集团股份有限公司

图书在版编目（CIP）数据

大数据背景下人力资源管理模式创新 / 郝丽静著
. — 长春：吉林出版集团股份有限公司，2023.10
ISBN 978-7-5534-5901-1

Ⅰ．①大… Ⅱ．①郝… Ⅲ．①人力资源管理－管理模
式－研究 Ⅳ．①F243

中国国家版本馆 CIP 数据核字（2023）第 207625 号

大数据背景下人力资源管理模式创新

DASHUJU BEIJINGXIA RENLI ZIYUAN GUANLI MOSHI CHUANGXIN

著　　者	郝丽静
责任编辑	滕　林
封面设计	林　吉
开　　本	787mm×1092mm　　1/16
字　　数	210 千
印　　张	14
版　　次	2023 年 10 月第 1 版
印　　次	2024 年 1 月第 1 次印刷
出版发行	吉林出版集团股份有限公司
电　　话	总编办：010-63109269
	发行部：010-63109269
印　　刷	廊坊市广阳区九洲印刷厂

ISBN 978-7-5534-5901-1　　　　　　　　　　　　　　定价：78.00 元

前　言

目前，大数据研究和应用已经成为信息科技领域的热点，世界各国均高度重视大数据的研究与探索，美国、英国、德国、日本等纷纷从国家战略层面推出研究规划以应对其带来的挑战。然而，综观国内外大数据领域的研究和应用发展现状可发现，大数据相关的学术研究大多局限于宏观层面，侧重于大数据的获取、存储、处理、挖掘和信息安全等方面，鲜有从管理学的角度探讨大数据对于现代企业管理的应用价值，对大数据应用于企业人力资源管理的研究则更加匮乏。本书则从大数据背景下人力资源管理面临的挑战出发，系统研究大数据背景下人力资源管理创新的诸多命题。

人力资源管理创新一直是理论与实务界探讨的热点问题。人力资源管理创新上要包括两个层面：一是人力资源管理理念上的创新，二是人力资源管理实践上的创新。本书重点从人力资源管理实践创新的角度，研究大数据背景下的人力资源管理创新。

由于笔者学识水平及经验有限，书中缺点和错误之处在所难免，恳请广大读者批评指正。

郝丽静

目 录

第一章　大数据概念界定

第一节　大数据的概念及特点

关于大数据的概念，学术界或企业界目前尚未形成公认的准确定义，不同专业领域、不同学科背景、不同应用场景都有着不同侧重点的阐释。麦肯锡公司在《大数据：创新、竞争和生产力的下一个新领域》一书中提出，"大数据"是指其大小超出了典型数据库软件的采集、储存、管理和分析等能力的数据集。① 该定义有两方面内涵：一方面是符合大数据标准的数据集大小是变化的，会随着时间推移、技术进步而增长。另一方面是不同部门符合大数据标准的数据集大小会存在差别。权威 IT 研究与顾问咨询公司 Gartner 将大数据定义为"高容量、高生成速率、种类繁多的信息资产，同时需要新的处理模式才能具有更强的决策力、洞察发现力和流程优化能力"；美国国家科学基金会（NSF）则将大数据定义为"由科学仪器、传感设备、互联网交易、电子邮件、音视频软件、网络点击流等多种数据源生成的大规模、多元化、复杂、长期的分布式数据集"。尽管表述不同，但目前人们普遍同意冯芷艳的观点，即大数据与"海量数据"和"大规模数据"的概念一脉相承，但其在数据体量、数据复杂性和产生速度等方面

---

① 美国麦肯锡（上海）咨询有限公司.大数据：创新、竞争和生产力的下一个新领域 [M].
上海：上海交通大学出版社，2014.

均大大超出了传统的数据形态，也超出了现有技术手段的处理能力。

大数据包括海量交易数据和海量交互数据。海量交易数据是指企业在经营过程中产生的各种分析数据以及交易数据，这些数据是对过去交易行为的记录，包括结构化的、通过关系数据库进行管理和访问的静态、历史数据。例如，记录淘宝、亚马逊等电子商务的交易内容，以及证券交易数据、房地产交易数据等。海量交互数据源于 Facebook、X（原 Twitter）、LinkedIn 等社交网站，这些数据可以预测我们将来的行为。它包括了呼叫详细记录、GPS 和地理定位、通过管理文件传输协议传送的海量图像文件、电子邮件等。

业界一般将大数据的特点归纳为 4 个 "V" ——Volume、Variety、Value、Velocity，具体有以下几个含义。

第一，数据体量巨大（Volume）。大数据时代，典型个人计算机硬盘的容量为 TB 量级，而一些大企业的数据量已经接近 EB 量级。以互联网公司为例，谷歌公司每天要处理超过 24 拍字节（PB）的数据，这意味着其每天的数据处理量是美国国家图书馆所有纸质出版物所含数据量的上千倍。

Facebook 每天更新的照片量超过 1000 万张，每天人们在网站上点击 "喜欢"（Like）按钮或者写评论大约有 30 亿次，与此同时，谷歌子公司 You-Tube 每月接待多达 8 亿的访客，平均每 1 秒钟就会有一段长度在 1 小时以上的视频上传。

第二，数据类型繁多（Variety）。大数据收集数据的类型被分为结构化数据和非结构化数据。结构化数据主要是以文本为主，这样的数据存储和处理起来较为便利。而目前非结构化数据越来越多，包括网络日志、音频、视频、图片、地理位置信息等，这些非结构化数据的处理对成本和时间都有更高的要求。

第三，价值密度低（Value）。价值密度是指数据总量中有多少数据是有价值的，价值密度的高低与数据总量的大小成反比。只有5%的数据是结构化的，而其余95%的非结构化数据其处理和利用则较为困难。如何将这95%的数据进行提炼分解，从中找出有价值的内容成为目前亟待解决的难题。

第四，处理速度快（Velocity）。传统数据处理的收集和分析计算过程耗时多且速度慢，而大数据处理速度可以限制在秒级单位，这是大数据区别于传统数据处理的最显著特征。例如，基因数据分析的处理速度加快，技术成本大幅下跌。首次的基因定序技术历经了10年的光阴，耗资38亿美元。如今任何人都可在一天之内完成个人的基因定序，2012年基因组解码的价格跌破1000美元。

我国工业和信息化部电信研究院2022年发布的《大数据白皮书》指出：认识大数据，要把握"资源、技术、应用"三个层次。大数据是具有体量大、结构多样、时效强等特征的数据；处理大数据需采用新型计算架构和智能算法等新技术；大数据的应用强调以新的理念应用于辅助决策、发现新的知识，更强调在线闭环的业务流程优化。所以说，大数据不仅"大"，而且"新"，是新资源、新工具和新应用的综合体。

第二节　大数据与传统互联网的比较

过去的一年里，几乎在每场互联网行业大会上都会提及大数据，就像互联网通过给计算机添加通信功能而改变了世界，大数据开启了一次重大的时代转型。Gartner公司2013年的调查显示：未来企业对大数据领域关注度和参与度逐步上升，未来1~3年将是大数据领域发展的高速时期；

64% 的企业正在考虑大数据项目，社交媒体、银行业以及服务行业是目前大数据投资的领先行业；而交通、医疗以及保险等行业则正在积极准备大数据投资。全球互联网巨头也都已意识到了大数据时代数据的重要意义。包括 EMC、惠普、IBM、微软在内的全球 IT 巨头纷纷通过收购大数据相关厂商来实现技术整合，亦可见其对大数据的重视。与传统互联网相比较，大数据具有以下几个明显特征。

第一，数据处理模式不同。传统互联网的数据处理流程是先模式、后数据。即我们输入数据，经过数据处理器的运算可以输出某种我们想要的结论。例如，计算员工的个人所得税，我们利用人力资源管理系统中设定的公式以及日常的数据输入，可以得出结果。而大数据的数据处理流程是先数据、后模式，其核心在于预测，即把数学算法运用于过去的数据，借此预测未来发生的可能性。也就是说，模式只有通过数据处理才能获得，且模式随着数据数量的变化而变化。例如，使用搜狗输入法的时候，输入"tianqi"显示出的第一个词条就是"天气"，因为根据以往的数据，输入前者想表达的意思大多是"天气"。这些预测系统之所以能够成功，原因就在于它们是建立在海量数据分析基础之上的。此外，大数据处理还具备更高级的自行判断能力，例如，亚马逊可以帮我们推荐想要的书，Facebook 根据我们的分享能够知道我们的喜好，而 Linkedin 可以猜出我们认识的人并把我们可能认识的人介绍给我们等。

第二，数据采集的方式和范围不同。传统互联网数据搜集的准则是相关性，即要采集那些与所要研究内容相关的数据，这是因为传统互联网数据存储量和数据处理能力有限，因此我们只能采取随机抽样的方式来保证数据的代表性与准确性，同时也减少了数据处理的工作量。例如，在研究员工满意度的问卷中，就不会出现询问员工家庭成员健康之类的问题，而这在无形中限定了我们获取数据的条件和环境。进入大数据时代，数据处理技术已经发生了翻天覆地的变化，我们收集的数据并不仅仅是那些与研究内容直接相关的信息，还可能包括那些看似与研究内容毫无关联的信息。

第三，数据分析重点不同。传统互联网更注重因果分析，我们利用各种数据分析软件来答疑解惑。在大数据时代，重点是相关分析而非因果分析，即我们通过分析海量数据，明确只关注是什么，不关注为什么，这其实更符合问题解决的思路。因为大多数情况下，我们只需预测现象，没必要知道现象背后的原因。大数据的相关关系分析法更准确、更快速，而且不易受偏见的影响。上文提到的亚马逊公司为顾客推荐想要的书籍，如果顾客是一位雅思考生，他在输入"雅思核心词汇"后，系统除了准确识别这本书以外，还可能自动识别诸如"剑桥雅思真题系列"等相关书籍。因为按照以往的数据处理经验，A 和 B 总是一起产生，当 A 发生时，则 B 也很有可能发生。更简单的例子，研究人员发现使用非系统自带浏览器（如 360 浏览器）的员工的忠诚度要比使用系统浏览器的员工高，这也是相关分析的结果。

第三节　大数据与商业智能的比较

商业智能（Business Intelligence，简称 BI）的概念最早是 Gartner Group 于 1996 年提出来的，就是指利用数据仓库、数据挖掘等各种软件分析技术对大量数据进行分析、挖掘，从大量历史数据中归纳出对企业决策有用的信息，以辅助决策者做出决策，提高企业的决策准确性。从系统的观点来看，商业智能是指从不同的数据源收集的数据中提取有用的数据，对数据进行清理以保证数据的正确性，将数据经转换、重构后存入数据仓库或数据场（这时数据变为信息），然后寻找合适的查询和分析工具、数据挖掘工具、OLTP工具对信息进行处理（这时信息变为辅助决策的知识），最后将知识呈现于用户面前，转变为决策。

从商业智能的界定与分析可以看出，商业智能的适用领域非常广泛。

首先，商业智能在企业内的各个职能领域发挥重要的作用。例如，在企业资源规划（ERP）、供应链管理、客户关系管理、财务管理、人力资源管理等这些关键性的企业职能领域中都能看到商业智能工具的身影。其次，商业智能还能够帮助分析和改进企业之间的沟通和交流，为"协作型商务"这一新的商业模式提供了强大的发展动力。商业智能目前在电信保险、银行、金融、证券以及制造业等各行业都有应用。

随着云计算的出现和发展，很多企业开始关注和应用大数据技术，这将给商业智能市场带来巨大冲击。

与商业智能相比较，大数据具有以下几个特征。

第一，大数据能够在商业智能的基础上进行更大容量的结构化和非结构化数据处理，这也是大数据与商业智能的一个主要区别。商业智能的信息量一般是TB量级，主要依靠分析少量的数据样本；而大数据的信息量是PB量级，它强调全量思维，要分析与事物相关的所有数据。另外，商业智能处理的主要是企业中现有的数据，大多是标准化、结构化的数据；而大数据是一个数据集合，它包括三类数据：一是结构化数据，如企业用的人事系统、财务系统、ERP系统，这些系统中的数据都是结构化的。二是半结构化数据，如电子邮件、用windows处理的文字、在网络上看到的新闻。三是非机构化的数据，如传感器、移动终端、社交网络产生的数据。

大数据分析不仅关注结构化的历史数据，也能更好地对非结构化海量数据进行分析，其数据分析和处理能力要远远领先于商业智能。

　　第二，大数据更偏重于个性化决策。利用商业智能做决策时，对事实的描述更多的是基于群体的共性，商业智能系统需要宏观统计数据的汇总；而大数据注重个体刻画，强调自动化工具而不是统计报告。个性化技术是大数据时代最重要的技术，包括个性化排序和个性化推荐。例如，现阶段网络零售领域，卖方除了使用传统的市场调查数据和历史购买数据外，还可以追踪个体消费者的行为。系统会根据用户现在浏览的商品自动向其推荐，包括曾经浏览过该商品的其他人看过了什么，或是购买该商品的顾客通常也会购买哪些其他商品，然后给你一份推荐清单，其中还包括你自己的浏览以及购物记录。这种推荐方式最早是亚马逊公司的创举，如今亚马逊公司销售额的 1/3 都来自它的个性化推荐。通过大数据的个性化决策，卖方可以将日益精细的数据升级到实时数据，以便根据消费者变化做出调整。除了零售业，大数据技术在医学界的应用使得个性化药物的研发成为可能。通过对病人基因差异和药物反应的分析，大数据为每个病人定制不同的治疗方案，从而会大大提高疗效。

　　第三，大数据与商业智能的关注点不同。商业智能关注的是因果关系，注重"发生了什么"和"为什么会发生"，而大数据关注的是相关关系，注重预测，即"将要发生什么"。建立在相关关系分析法基础上的预测是大数据的核心。大数据不是要教机器像人一样思考，它是把数学算法运用到海量的数据上来预测事情发生的可能性。例如，一封邮件被作为垃圾邮件过滤掉的可能性，输入的"teh"应该是"the"的可能性，从一个人乱穿马路时行进的轨迹和速度来看他能及时穿过马路的可能性，这些都是大数据可以预测的范围。维克托·迈尔·舍恩伯格与肯尼思·库克耶认为这些预测系统之所以能够成功的关键在于它们是建立在海量数据的基础之上的。

　　第四，大数据与商业智能的技术支撑不同。商业智能更多地以数据仓库为基础，利用 ETL[①] 工具进行数据抽取、转化、建模，然后通过报表和驾驶舱等形式进行结果展示，整个过程以及每个环节都投资不菲而且耗时很长。大数据主要利用互联网和智能数据中心，可以更低成本、更有效地将这些大量、高速、多变的终端数据存储下来，并随时进行分析与计算。所以，商业智能的应用成本非常高，主要适合于资金充裕的大型企业，在金融、保险、电信、零售等传统领域使用较多。大数据主要应用在互联网、移动互联网、电子商务等新兴领域，各类规模的企业均适用，适用性相对更广。

值得注意的是，虽然大数据与商业智能存在诸多区别，但二者之间存在着密切的天然联系，它们都属于决策工具，在数据挖掘和数据分析层面并没有多大的差别。同时，传统 BI[②] 与大数据的关系，并不是互相替代、排斥的关系，它们犹如人的左脑和右脑，分工不同，传统 BI 以处理结构化信息为主，大数据以处理非结构化、半结构化信息为重，它们相互依存、相互补充、共为一体，组成企业完整的信息化大脑。

---

① ETL 即数据抽取 (Extract)、转换 (Transform)、装载 (Load) 的过程。
② 传统 BI（商业智能）是指在信息技术发展早期阶段，主要采用离线、批处理的方式，通过数据仓库和 OLAP（联机分析处理）等技术，对企业中的历史和当前数据进行分析和报告生成的一种商业智能系统。传统 BI 系统主要强调对历史数据的汇总、分析和报告，以帮助企业管理层做出决策。

第二章　人力资源管理基础理论

本章从基础理论的角度解释了人力资源的定义，以及它对企业管理者的重要性。我们可以发现，关于人力资源的雇用、培训、绩效评价等一系列管理活动，是每一个企业人力资源管理者的日常工作的重要组成部分。通过本章，我们还会看到，人力资源管理也是一种独立的管理职能，这种管理职能是在其内部的人力资源中行使的，或者是人力资源经理作为一位管理者需要承担的职责及其需要面对的挑战。

第一节　人力资源管理的定义与意义

一、什么是人力资源管理

人力资源管理的本质就是一个组织的系统管理，管理者在角色分工中承担管理他人共同完成目标的工作。人力资源管理一般包括以下五项职能：计划、组织、人事、领导和控制。以上就是一个完整的管理过程。每项管理职能所包含的具体管理活动如下。

计划职能：在开始工作前设定目标和标准；制定规则和程序；做好规划和预测等。

组织职能：为每个下属安排具体任务；设立部门；建立动力链和沟通

渠道；授权下属；协调下属的工作等。

人事职能：决定应该雇用什么样的员工；招聘和培训员工；设定绩效标准；评估员工的业绩；向员工提供建议；确定和发放员工工资等。

领导职能：激励他人完成工作、激励下属等。

控制职能：设定销售、质量水平或输出标准；对照这些标准考核员工的实际工作表现；必要时采取纠正措施等。

以下主题可以帮助我们更快地掌握人力资源管理的基本概念和技术，从而更好地完成与人力资源相关的工作。这些主题主要有以下几点。

①对每个员工进行职位分析，确定员工的职责与工作性质。

②预测组织的劳动力需求并招聘员工。

③选择求职者。

④新员工的入职培训与学习。

⑤支付工资报酬。

⑥确定员工的奖金与其他福利。

⑦评估工作绩效。

⑧与员工交流，包括访谈、奖惩等。

⑨管理人员技能提升。

⑩培养员工的组织能力。

管理者还需要了解以下内容。

①公平的就业机会和积极的反歧视行为。

②员工健康和安全问题。

③处理劳动争议和劳动关系。

二、人力资源管理的重要性

为什么对企业管理者而言，人力资源管理是如此重要呢？这个问题的答案可以从企业管理中遇到的一些困难中找到。例如，管理者很可能不希望看到以下这些情况的发生。

①雇用不称职的人担任某一职位。

②企业内员工流动率很高。

③员工无法把工作做好。

④在面试环节花费太多的时间和精力。

⑤因歧视性做法，公司被诉诸法庭。

⑥企业内部的一些不安全操作违反了职业安全规定。

⑦薪酬待遇不公平。

⑧员工培训不足，影响部门的工作效率。

⑨不公正的劳资关系。

一个管理者需要有清晰的头脑，对目标有自己的整体规划，如制订一个合理的计划、画一个清晰的组织架构图、使用复杂的财务控制方法等，但仍有可能因雇用不合适的员工或未能激励员工而导致失败。有的管理者之所以能够成功，正是因为他们掌握了雇用合适的人来承担特定工作，以及激励员工、评估员工技能的方法。

正如一位公司总裁所总结的：长期以来，人们都认为资本是一个正在成长的行业所面临的发展瓶颈。但目前来看，这种说法已经落后了，真正的瓶颈不是资本，而是公司内部的所有员工，以及公司在招聘和留住优秀人才方面的经验不足。

在一个企业中，一个重大项目半途而废的原因，往往不是资金短缺。

现实情况是：某一行业无法始终保持旺盛的生命力和良好的发展态势，或受到挫折而停滞，原因恰恰是企业内没有一支高效热情的员工队伍。笔者认为这种结论的正确性在未来会得到越来越明显的验证。

我们马上就会看到，由于全球竞争、技术进步、经济挑战和工作性质的变化，这位总裁所说的话会越发显示出其正确性。

（一）直线管理和职能管理中的人力资源管理

在一定程度上来说，所有的管理者都是人力资源管理者，管理者需要参与到人力资源的决策中，如招聘、面试、选拔、培训等。那么，人力资源经理及其下属员工所承担的人力资源管理职责，与"直线"管理者所承担的人力资源管理职责之间是一种怎样的关系呢？我们先来了解一下直线权力和职能权力的简要定义，再来回答这个问题。

权力指做出决定、指导他人工作和发布命令的权力。在管理学中，我们通常是把直线权力和功能权力分开。直线权力赋予经理向其他经理或员工发布命令的权力，主要体现的是上下级关系。职能权力赋予管理者向其他管理者或员工提出建议的权力，主要体现的是交流与沟通。直线管理人员拥有直线权力，而职能管理人员拥有职能权力。在日常的工作环境中，我们要将这两种权力分开来看，后者通常不能通过命令链从上到下直接发布命令（除了在自己的部门）。

通常情况下，管理者一般指直线管理人员，他们负责管理那些对于组织的生存来说至关重要的工作，如销售或生产；职能管理人员则通常管理那些属于咨询性或支持性部门的工作，如采购、人力资源管理和质量控制等。如果职能部门确实纯粹属于咨询性的，那么上述这种区分就是有道理的。

然而，决定一位管理者属于直线管理人员还是职能管理人员的，并不是这位管理者所管理的部门的类型或名称，而是工作关系的性质。直线管理人员能够发布命令，职能管理人员可以提供建议。人力资源经理通常是职能管理人员，与直线管理者不同，他们负责向直线管理者提供招聘、雇用和薪酬方面的协助和建议，但是并不直接参与到其他部门具体事务的管理中。

（二）直线管理人员的人力资源管理职责

在每位直线管理人员——上到公司总裁，下到一线管理人员——的职责中，直接处理与人有关的问题始终是其整体管理职责中一个不可或缺的组成部分。例如，某大公司将其直线管理人员有效管理人力资源的职责总结如下。

把适当的人配置到适合的职位上；帮助新员工适应工作环境；对员工进行培训；适当调整员工绩效；互相合作，创造良好的工作环境；对公司政策进行梳理；控制成本；挖掘员工潜力；鼓励员工；关注员工的健康和身体状况。

在一些小型企业中，直线管理人员可能在没有人协助的情况下承担上述所有人力资源管理职责。但是，随着企业规模的扩大，这些直线管理人员就需要得到独立的人力资源管理职能人员所提供的帮助、相关的专业知识及建议。人力资源管理部门能够提供这种专业化的服务，也有义务提供这种服务。

（三）职能管理人员的人力资源管理职责

在提供专业化帮助的过程中，人力资源管理者主要履行以下三种职能。

①直线职能。人力资源管理者需要指导本部门员工和其他相关部门的员工开展工作活动。

②协调职能。人力资源管理者需要协调各种人力资源管理活动，这是管理者的义务，通常被称为职能权力或职能控制。这就意味着人力资源管理者要确保其他直线管理人员能够在理解公司章程的基础上，贯彻企业的人力资源管理政策和做法。

③人员（协助和咨询）职能。对于人力资源管理者来说，有必要也有义务去协助直线管理者的工作，为其提供建议。因为，其他管理者并不能完全具备人力管理的能力，他们需要指导和帮助。人力资源管理者应该向直线管理人员提供建议，以便他们更好地了解公司战略对于员工的影响。人力资源管理者需要协助部门经理完成员工的聘用、培训、考核、咨询、晋升、辞退等工作，一般工作人员的需求由直线管理者提出，人力资源管理者只需根据要求来安排人员即可。人力资源管理者负责制订各种福利计划（如健康和意外保险计划、养老金计划、假期计划等）及员工的奖金核定，协助部门经理根据相关法规对员工进行合理约束，并协助有关部门处理劳资纠纷和劳动关系。此外，人力资源管理者和人力资源部门也发挥着管理方法和手段开拓者的作用。他们需要向直线经理提供人员发展趋势的最新信息，从而更好地开发员工的潜力。人力资源管理者和人力资源部门还应发挥员工主导的作用，即在高层管理者中保护员工的基本利益并对其他管理者进行合理约束。虽然人力资源管理者通常不能在部门之外行使直接权力，但可以行使一种隐性权力，对组织的整体环境和氛围进行维护和改善。

人力资源部门中一些岗位的具体职责如下。

招聘专员：搜寻合格的求职者。

公平就业机会协调员：调查企业内关于公平就业的问题并给出解决方案；检查企业是否存在违反法律的行为；向政府提供企业关于公平就业的报告。

职位分析专员：收集并核查相关职位的详细信息，为编写职位描述做好准备。

薪酬经理：制订薪酬计划并处理员工福利方面的事务。

培训专员：规划、组织和指导培训活动的开展。

劳资关系专员：就与劳资关系有关的所有事务向管理层提供建议。

（四）组织人力资源的新方法

一些组织希望找到新的方法来提供人力资源服务。例如，一些企业将自己的人力资源服务分为四个方面的内容：交易型人力资源服务、公司型人力资源服务、嵌入型人力资源服务及专家中心。

交易型人力资源服务的工作重点是借助集中化的呼叫中心及与外部供应商（如员工福利顾问）之间形成的外包安排，在一些日常性、事务性人力资源管理活动（如更改福利计划和提供新的评估表格）中为公司的员工提供专业支持。

公司型人力资源服务的工作重点是在制订公司长期战略规划等高层问题上，为公司的高层管理团队提供帮助。

嵌入型人力资源服务是将人力资源管理的多面手（关系经理、人力资源业务伙伴）安排到诸如销售和生产等部门中，从而为这些部门提供它们需要的并与部门实际紧密结合的人力资源管理支持。

专家中心如同企业内部的一个专业化的人力资源管理咨询公司，可以在组织变革等领域为组织提供一些专业化支持。

国际商业机器公司（IBM）的人力资源高级副总裁兰迪·麦克唐纳指出，传统的人力资源服务组织方式不恰当地将人力资源管理职能分割为诸如招募、培训和员工关系等"筒仓"。他认为，这种筒仓状的组织设计方式意味着没有任何一个人力资源专业团队会去关注如何满足特定员工群体的需要，于是，麦克唐纳重新规定了IBM的人力资源管理职能。他把

IBM 的几十万名员工分成三组人员：技术类员工、管理人员、普通员工。之后，公司成立了三个人力资源管理团队，分别为每一组人员提供人力资源服务，这些团队内都有招聘、培训等方面的专家。这些专业化的人力资源服务团队可以有效为所有员工提供在 IBM 取得成功所需要的才能、薪酬和培训等服务。

（五）直线部门和人力资源部门在人力资源管理方面的合作

既然直线管理人员和人力资源管理人员都在人力资源管理方面负有一定的责任，那么就出现了问题：双方在人力资源管理方面各需承担哪些责任？其实并没有哪一种方法同时适用于直线管理人员和人力资源管理人员在所有组织内的职责划分，这里只做一个简单的总结。

最具概括性的一个结论就是：直线管理人员和人力资源管理人员之间的关系通常是合作性的。例如，在招聘员工方面，通常先由直线管理人员确定填补某些特定职位空缺的人所需具备的任职资格与条件，然后由人力资源管理人员完成下面的工作。他们通过一定的渠道为组织获得一批合格的求职者，然后对求职者进行初步的甄选面试。此外，他们还要负责对求职者进行适当的测试，然后将最好的求职者推荐给直线管理人员，让他们对这些候选人进行面试，并从中挑选出他们最终想要录用的那一部分人。在培训方面，同样是由直线管理人员先描述出他们对自己的员工所能够完成的工作的期望，然后由人力资源管理团队来设计一个培训方案，而这个培训方案通常会交给直线管理人员去负责实施。

总而言之，人力资源管理是所有企业管理中最不可或缺的重要成分之一，即使是企业高层管理人员，包括主管、总裁或任何一个生产经理，他们的工作都是通过人来实现工作目标的。因此，本书所阐述的人力资源管理方面的知识就显得尤为重要，需要所有管理者认真学习。

三、人力资源管理的衡量指标与标杆管理

我们已经看到，战略人力资源管理的意义在于确定相应的人力资源管理政策和做法，用人员管理的相关知识理论帮助公司获得实现战略目标所需的员工的胜任力。在这个过程中，如何衡量结果是至关重要的。一个目标的设定需要有相应的衡量标准与之配合，其中可能包括每个员工的培训时间、生产力和客户满意度。

（一）人力资源管理衡量指标的类型

人力资源管理者会有很多方面的指标。例如，在一个拥有100~249名员工的公司里，每100名员工中就有1人从事人力资源管理工作。在拥有1000~2499名员工的公司中，人力资源管理者占员工总数的比例约为0.79%。在员工超过7500人的公司中，这一比例降至0.72%。此外，其他的人力资源管理指标包括员工的任职年限、人均雇用成本、年度总流动率等。

美国人力资源管理协会出台了人力资源的衡量指标，共分为八部分内容，具体如下：

组织数据：①收入。②全职员工人均收入。③税前净收入。④全职员工人均税前净收入。⑤组织继任计划中包含的职位。

人力资源部门数据：①人力资源部门员工总人数。②人力资源部门员工占员工总人数的百分比。③主要从事监督管理工作的人力资源部门员工所占百分比。④主要从事专业或技术工作的人力资源部门员工所占百分比。⑤主要从事行政支持工作的人力资源部门员工所占百分比。⑥人力资源部门负责人汇报工作的结构。⑦组织在本年度预期雇用的人力资源管理职位的类型。

人力资源管理费用数据：①人力资源管理费用。②人力资源管理费用占运营费用的百分比。③人力资源管理费用占全职员工总费用的百分比。

薪酬数据：①年度加薪水平。②固定薪资占运营费用的百分比。③非高层管理人员的目标奖金。④高层管理人员的目标奖金。

学费或教育费用数据：①每年允许用于学费或教育费用报销的最高额度。②参与学费或教育费用报销项目的员工所占百分比。

雇用数据：①职位空缺数量。②职位空缺所用时间。③人均雇用成本。④员工留任年限。⑤年度总离职率。⑥年度自愿离职率。⑦年度非自愿离职率。

收入和组织雇用预期数据：①与上一年相比，本年度的组织收入预期变化百分比。②与上一年相比，本年度的组织雇用人数预期变化百分比。

实现更高盈利水平组织的衡量指标：①人力资源部门员工总人数。②人力资源部门员工占总人数的百分比。③人力资源管理费用。④人力资源管理费用占运营费用的百分比。⑤人力资源管理费用占全职员工总费用的百分比。⑥年度加薪水平。⑦非高层管理人员的目标奖金。

衡量指标为什么如此重要呢？如今，大部分企业都在人力资源管理方面投入大量资金用于招聘人才，却没有认真思考究竟哪种招聘方式才是最有效、最可能获得优秀员工的。一个合理的解决方案是，用衡量指标来对招聘有效性进行评估。相应的衡量指标包括新员工的质量，以及帮助企业获得最优秀新员工的招聘来源等。跟踪和分析这类数据的一种方式是运用计算机化的求职者跟踪系统软件（ATS）。求职者跟踪系统软件对招聘有效性进行分析包含以下两个基本步骤。

第一步，企业及供应商需要确定如何衡量新员工的绩效。例如，招聘经理需要在每位新员工入职后的第一个90天结束时对其做出评价，并且需要用1~5的5个等级来将评价结果输入系统。

第二步，企业可以运用求职者跟踪系统对能提供优秀求职者的招聘来源进行追踪。例如，求职者追踪结果可能显示出：与那些通过在网站上刊登的广告招聘的员工相比，通过公司内部员工推荐招聘的新员工留在公司工作的年限更长，工作绩效也更好。大多数求职者跟踪系统都能帮助企业的招聘经理在电脑上对类似的雇用指标进行跟踪。例如，路透社就安装了一套求职者跟踪系统，用来确定招聘来源、求职者的特征，以及公司在每个经营地区中的最佳招聘实践。该系统通过将招聘资金转移到更有效的招聘渠道，帮助路透社降低了招聘成本。

（二）标杆管理与需求分析

在进行变更之前，不仅要对本企业进行衡量分析，还要在横向上与其他企业进行衡量比较，也可以与更优秀的公司进行比较学习，分析其他公司的优势。企业可以使用美国人力资源管理协会提供的衡量指标与其他企业进行对应的比较，不仅可以获得同行业中其他公司比较全面的数据，还可以与本企业规模相等的其他企业进行数据对比。

（三）战略及基于战略的衡量指标

标杆管理只是让人们了解公司的人力资源管理系统是如何工作的，仅仅提供了一个比较问题的视角，显示了公司的人力资源管理体系与其竞争对手的比较情况。然而，标杆管理不能说明公司的人力资源管理实践在多大程度上支持公司的战略目标，换句话说，其并不能提供数据支持。

管理者可以使用基于战略的衡量指标来解决这些问题。基于战略的衡量指标侧重度量有助于实现公司战略目标的活动。其主要是以 100% 的员工测试、80% 的客户流动率、薪酬占总薪酬的比例、销售额增长 50% 等为衡量标准。

不同方面的考核对企业来讲是全方位的战略分析，如果企业的人力资源管理实践发生变化，如增加培训、提供更好的激励，以达到预期的效果，那么客户回报率、客户声誉等战略指标的价值也应该上升。

数据挖掘技术可以帮助管理者确认数据之间的相关性，主要是利用这一技术来改进员工选拔等方面的人力资源管理实践。数据挖掘的意义是发掘出更深层次的关系网络，管理者运用基于数据挖掘技术开展的人才分析来发现其中的规律，并且做出预测。

像人均雇用成本这样的数据很有用处，但是其在转化为信息之前没太大用处，然而，如果以另一种形式来展示这一数据，从而看到这一成本正处于上升趋势还是下降趋势，以及本公司的这种成本与竞争对手相比较的情况，它就能为公司提供用于实际决策的信息。

管理者可以运用很多专门的员工队伍或人才分析软件工具，将员工数据转化为有针对性地采取行动的信息。例如，怡安翰威特人力资源管理咨询公司对客户的员工数据进行编辑整理，然后用分析引擎对数据进行分析，并且通过一个门户网站将数据呈现给公司的客户。这样，客户公司的管理者就可以利用数字仪表盘来了解本公司的员工队伍变化趋势，同时回答这样一个问题："在有关员工离职率的数据中，是否还有值得我们进一步分析的趋势？"

上述这种数据分析有助于提升绩效。例如，谷歌公司的人才分析团队对公司员工的背景、能力以及绩效等进行了分析。该团队通过分析能够识别出那些可能导致员工离职的因素，如员工感到自己的才能没有得到充分发挥。在一个类似的项目中，为了确定成功的谷歌公司管理者具备的特征，谷歌公司对通过员工调查反馈的数据进行了分析。微软公司则确定了员工在来微软公司工作之前与进入本公司之后的绩效之间的关系，这帮助微软公司改进了其招聘和甄选工作。赛仕（SAS）软件公司的员工保留程序能够对技能、任期、绩效、教育背景、朋友关系等员工特征数据进行筛选，从而分析出哪些优秀员工未来可能离开公司。安联技术系统公司构建了一种"离职风险模型"，这一模型可以准确计算出公司的员工流动率，分析员工离职的概率，从而帮助公司采取正确、及时的措施。IBM 公司运用员工队伍分析技术来发现哪些员工是经常被同事征求意见的意见领袖，如根据同事在电子邮件中提到的次数。一项调查对高绩效企业和低绩效企业运用人力资源管理分析技术的情况进行了比较，结果发现：80% 的高绩效企业会向负责人力资源管理的领导提供此类员工队伍数据；相比之下，低绩效企业中，仅有 33% 的企业会这样做。

很多企业都运用人才分析技术来解答以下六类人才管理问题。

①人力资本事实。例如，"关于我们公司总体健康状况的关键指标有哪些？"捷蓝航空公司发现，员工敬业度就是这样一个关键指标，因为它与公司的财务绩效紧密相关。

②人力资源问题分析。例如，"公司的哪些业务单元、部门或个人需要引起我们的注意？"洛克希德·马丁公司通过收集绩效方面的数据来确定哪些业务单元的绩效需要改进。

③人力资本投资分析。例如，"哪些行动对我们的业务影响最大？"思科公司通过监测员工满意度将其员工保留率从 65% 提高到了 85%，从而为本公司在招聘、甄选及培训上节省了近 5000 万美元的成本。

④员工队伍预测。陶氏化学公司使用一种计算机化的模型，这种模型可以根据对销售额变化趋势等情况的估计，预测出每个业务单元在将来需要的员工人数。

⑤人才价值模型。例如，"为什么员工会选择留在或者离开我们公司？"如果谷歌公司的管理层知道，一旦某位员工感到自己的才能没有得到充分施展就会准备辞职，他们就能采取措施降低员工流动成本。

⑥人才供应链。例如，"在当前的经营环境中，我们的员工队伍应如何适应各种变化？"对此，零售企业可以运用专门的分析模型预测商店每天的销售量，从而使领取小时工资的员工早一点儿下班。

（四）人力资源管理审计

人力资源管理者一般会利用人力资源管理审计来收集员工流动率及安全等方面的数据。一位人力资源管理领域的从业者指出，人力资源管理审计是一个企业为了衡量自己当前的状态，同时决定需要采取哪些措施来改进自己的人力资源管理职能而进行的分析。一般而言，人力资源管理审计主要是审查公司的各种人力资源管理职能，保证公司遵守相应的法律法规和政策，审计过程需要公司按照一份清单来完成。

在人力资源管理审计中，管理者通常会将公司的审计结果与其他可比公司的审计结果进行比较，基于每个公司所侧重的方面不同，比较的结果也各不相同。人力资源管理审计的典型内容包括以下几个部分。

①员工类型及人数，包括各种雇佣类型的人数。

②遵守政府制定的雇佣相关法律。

③招聘选拔。

④报酬管理。

⑤员工关系。

⑥福利待遇。

⑦社会保障。

⑧薪酬支付。

⑨保管员工情况文件和档案。

⑩员工培训与潜力发展。

⑪员工沟通。

⑫解雇及调职政策和实践。

（五）循证人力资源管理以及科学的做事方式

我们已经看到，根据对一种情境所做的可衡量的、客观的审视来做决策是非常重要的。循证人力资源管理意味着，通过运用数据、事实、分析方法、严谨的科学手段、批判性评价，以及经过审慎评估的研究或案例，来支持人力资源管理方面的各种建议、决策、实践及结论。

循证的概念在某种程度上有科学化的特征，《哈佛商业评论》上的一篇文章就指出，企业的人力资源管理者必须科学化，在处理各种人力资源方面的事情时要学会像科学家一样思考。

那么，如何成为科学化的管理者，如何进行科学化的管理，以及如何实现科学化的管理目标呢？

首先，客观、实验及预测是科学化管理的核心。管理者在工作时必须保持客观的态度，否则他们的处理结果或得出的意见等就会不公正，就不能让人信服。最近，一所医学院对几个教授进行了处分，因为他们隐瞒了曾在某家制药公司工作的事实，而且这所医学院正在对这家药企的一些药品进行研究。在这种情况下，还有谁会相信这些教授得出的研究结论是客观的呢？

其次，科学化还要求进行科学实验。这里的科学实验指的是人们为了确保自己能够理解某些结果产生的原因而设计的一种测试。例如，在《哈佛商业评论》上有一篇题为《商业实验设计步骤指南》的文章。该文作者称，想要判断某个新的奖励计划对于公司的利润可能产生的影响，不要直接针对全体员工实施这一计划。相反，应该先在一个实验组（对这一组员工实行奖励计划）中实施，同时找到另一个小组作为控制组（不对这一组员工实行奖励计划）。这样做的目的是更准确地估计一下，如果确实出现了绩效改进，则这种改进到底是由于实施奖励计划还是由于别的原因（如一项在整个公司范围内实施的新的培训项目）。另外，这种做法有助于预测出一旦对这个奖励计划做出调整，绩效可能会受到怎样的影响。

对于管理者来说，做到科学化的要点在于通过收集相关的事实来做出更好的决策。有关人力资源管理者采用科学的、循证的方法进行决策的例子比比皆是。例如，一家保险公司考虑通过对资深保险销售员实施一项买断计划来降低成本，因为他们中的大部分人领取的薪酬都很高。但是公司的人力资源管理部门在对相关数据进行分析之后注意到，这些资深保险销售员的销售收入在整个公司的销售收入中所占的比例远远超过他们的人数所占的比例。事实上，该公司通过对诸如员工的薪酬和生产率等方面的数据进行审查之后发现，如果减少一些薪酬水平较低的呼叫中心员工，然后用薪酬水平更低的其他员工来取而代之的话，公司的利润会更高。又如，巴斯夫公司曾经对在其美国总部工作的所有员工进行了关于工作压力、身体健康水平及工作效率等方面的研究，并仔细分析了研究数据。最后根据分析结果，巴斯夫公司出台了很多保障员工健康的规定与计划，这些方案有效地缓解了员工的工作压力，从而提高了公司的生产率，对公司来说，收益远超成本。

第二节　人力资源管理的发展趋势

一、影响人力资源管理的若干发展趋势

一个组织、一个企业都需要有人为其提供人员配置，人力资源管理在企业发展的历史中始终起着关键作用。例如，人力资源管理者通过与直线

管理人员相互配合，已经在帮助企业管理员工、筛选员工及就可用的绩效评价表格提供建议等。

　　然而，无论是他们所做的事情本身还是他们做事的方式都在发生变化，导致这些变化出现的某些原因是显而易见的。例如，企业现在可以让员工利用局域网修改自己的福利计划，而这在几十年前是不可能的事情。而其他一些对人力资源管理实践产生影响的趋势则可能显得更加微妙。这些趋势包括经济全球化、负债增加（杠杆机制）、管制放松、技术、工作性质、人口结构的变化、各种经济挑战等。

（一）经济全球化和竞争趋势

　　经济全球化指企业扩大其销售、所有权或制造活动到国外新市场的趋势。

　　自由贸易区是一个减少贸易关税和贸易壁垒的协定，自由贸易区的建立进一步促进了国际贸易的实现。导致企业进行国际贸易的原因有很多，其中之一就是扩大销售，主要基于当地的销售额来衡定。当地销售额持续走高时，就可以计划扩大在当地的市场份额，甚至将生产线开在当地以扩大销售。

　　此外，企业向海外扩张的其他原因中，廉价劳动力是重要因素之一。一些制造商希望在降低劳动力成本的同时发掘新型产品。因此，一些服装制造商在迈阿密设计和裁剪面料，然后在劳动力成本相对较低的中美洲缝制实际产品。从另一个层面上来讲，与外国企业结成伙伴关系的潜在可能性也会鼓励一家公司在海外开展业务，主要是为了迅速打开海外市场。

　　对于商界人士而言，经济全球化的基本特征是：经济全球化程度越高，竞争越激烈，企业需要承担更大的压力，成为世界级企业不仅需要战略手段，还需要更严格地控制成本、激励员工，寻找成本与员工满意度的平衡点。经济全球化既给我们带来了好处，也带来了挑战。对消费者来说，经济全球化的优势占比更大些，意味着从电脑到汽车的一切东西变得更便宜，但质量更高了。

但与此同时，人们也要更加负责地去对待工作，因为企业降低成本的第一步一定是降低员工成本，工作的安全感反而可能比过去更低。例如，有这样一种情况，即在未来的几年里，许多企业甚至计划将一些技术水平要求较高的职位（销售经理、总经理及人力资源经理等）也采取外包的形式。对企业所有者而言，经济全球化意味着有了数百万的潜在客户，但同时意味着他们面临一种新的威胁，这就是即使是在本国经营，可能也需要面对新的、强有力的全球竞争者。

最近几十年来，经济全球化得到了迅猛发展，驱动这种经济全球化繁荣的是一些经济哲学和政治哲学。很多国家都降低了跨国交易税或海关关税的税率，组建了经济自由贸易区，并且采取了一些其他措施来鼓励国家之间的自由贸易，这些做法背后的基本经济原理就是所有的国家都能从中获益。

（二）负债增加（杠杆机制）和管制放松

其他的发展趋势也促进了经济的发展，管制放松就是其中之一。经济的迅速发展使各国政府在经济方面放松了管制，越来越多的银行开展了贷款业务，个人和企业可以自由贷款来满足自己的需求。这一政策的出台，让企业和个人在一时间变成了负债者。人们很乐意接受这种"最低价"的消费模式，利用分期、贷款来购买昂贵的东西，消费者实际上花的比赚的多。因此，一些看起来的繁荣很大程度上是建立在债务基础上的，造成了假象。

（三）技术方面的发展趋势

众所周知，技术进步几乎改变了我们所做的每一件事的性质。同样，技术不仅改变了企业的经营方式，还改变了企业做事的方式。越来越多的公司为了节省人员成本，将呼叫中心转移到劳动力成本更低的地区，以低成本劳动力来完成技术含量低的工作，利用在线虚拟社区来提高效率。例如，洛克希德·马丁公司为了获得3亿美元的海军造船订单，构建了一个可以让全球200家供应商在其中进行设计工作的虚拟环境，这些供应商是通过一个位于每家企业的防火墙外部的私人内联网联系在一起的。

（四）工作性质的发展趋势

工作性质变化的一个潜在影响是，技术进步也将对人们完成工作的方式、员工所需要的技能和培训产生巨大影响。越来越多的传统工厂引进了高科技的生产线，这也对企业提出了更高的要求：引进或培养高等人才。企业可以通过人才引进或自行培养等手段来获取高科技人才，以顺应时代的发展要求。美国政府出版的《职业前景季刊》指出：航空、计算机、通信、家用电器、制药和医疗器械等行业的知识密集型高科技生产岗位正在取代钢铁、汽车、橡胶和纺织等行业的工厂岗位。

技术并不是导致工作性质由肌肉转变为大脑的唯一驱动力。随着生产率的迅速提高，制造商可以用更少的员工生产更多的产品。准时生产技术也使企业的日常生产计划更加准确，更能满足客户的需求，进而大大减少系统的浪费，同时减少库存需求。随着基于互联网的客户在线订购系统和零库存生产系统的集成，生产计划变得越来越精确，越来越多的制造商通过与供应商的合作建立了完整的供应链。因此，在美国和大多数欧洲国家，制造业的工作岗位很少，而服务业的工作岗位数量在迅速增加。

但一般来说，最好的工作仍然需要工作人员接受过更高的教育和具备更多的技能。对于管理者来说，这种情况意味着企业需要越来越多的知识型员工，所以他们会更加重视人力资本。人力资本对于企业来说也是一种资本，其主要指企业中员工的知识、正规教育、培训、技能和经验的情况。我们生活在一个科技飞速发展的时代，这使得人力资本的培养和利用更加重要，对于人力资源管理也提出了更高的要求。当代人力资源管理者应更加注重培养批判性思维和解决问题的能力，以及对信息技术的应用能力。

例如，一家银行通过安装一套特殊的软件，使自己的客户服务人员能够更容易地处理客户的各种要求。然而，这家银行并没有对客户服务代表的工作做任何方面的改变。在这种情况下，新的软件系统的确使客服人员能够应答更多的客户呼叫，但是这家银行并没有取得明显的绩效提升。

另一家银行也安装了一套同样的软件。不过，为了充分发挥这套新软件的效益，这家银行对它的客户服务工作进行了升级。银行对客户服务代表进行了新的培训，教他们如何销售更多的银行产品，赋予他们更大的权力来做出决策，提高了他们的薪酬待遇。在这种情况下，这套新的计算机软件系统大幅提高了银行的产品销售额和盈利水平。这里的道理就在于，现在的企业需要人力资源管理者做的不仅仅是雇用和解雇员工，以及对福利进行监控；相反，需要这些人力资源管理者具备创造人力资本的人力资源技能。在当前这个高科技的竞争世界中，这种人力资本是企业所必需的。

（五）劳动力队伍和人口结构发展趋势

人口结构的发展趋势也使得寻找、雇用和管理员工的工作更具挑战性。一是时代对于受过高等教育的劳动力的需求存在缺口，二是职员的匹配度不高，社会需求与员工的心理需求不相符。这就给人力资源管理者带来了新的问题：如何获取、开发和保留人才来满足企业的人力资源需求。

此外，一些专家指出，许多年轻的工作者可能和他们的父母有不同的工作价值观。相关数据表明，老一代员工更注重工作的稳定性，更关注工作本身，而年轻一代的员工可能更以家庭为中心，或者在家庭生活和工作生活之间取得平衡，更加注重生活的舒适度。

《财富》杂志指出：当今的"千禧一代"（又称作"Y一代"，指跨入21世纪后已达到成年年龄的一代人）员工会给企业同时带来挑战和优势；这些员工或许是"人类历史上最难留住的员工"。《华尔街日报》则把他们称为"最爱得到表扬的一代"，并说明了兰斯恩德公司和美洲银行是如何教导其管理者通过提供迅速的反馈和认可来表扬新一代员工的。然而，作为第一代在成长过程中使用电脑和电子邮件的人，他们使用信息技术的能力也使他们成为表现最好的一代。

很多人力资源专业人士认为"劳动力老龄化"不仅是人口变化的趋势，而且是对企业影响最大的问题之一。一个根本的问题是，没有足够的年轻劳动力来取代那些在"婴儿潮"时期出生并进入退休年龄的员工。许多企业正以各种方式应对这一挑战：召回退休员工；预测组织内部未来退休率；设计有利于吸引和留住半退休工人的就业方式。与此同时，非传统劳动者是另一个发展趋势，也就是临时工或兼职工人，或从事轮班工作（例如，母亲和女儿共享一个工作岗位）的人。

二、人力资源管理发展新趋势

上面谈到的这些发展趋势都会转化为人力资源管理实践中的一些变化，同时也会导致企业对其人力资源管理者的期望发生变化。下面就来看一看这些方面的一些具体情况。

（一）人力资源管理者的新任务

在 20 世纪的大部分时间里，人力资源管理者关注的是事务性工作。随着一些新技术的出现，人事部门的作用开始扩大到员工选拔和培训等方面，而不仅仅是负责简单的招聘与辞退工作。随着工会立法的出现，"帮助用人单位处理工会问题"这一新的内容也增加到人事部门的工作职责中。20 世纪六七十年代，美国国会颁布了新的公平就业机会方面的法律，企业开始依靠自身的人力资源管理专家帮助自己避免陷入就业歧视诉讼，并帮助自己处理此类诉讼。

今天，我们看到许多企业正处于一个充满挑战的新环境，充满竞争，同时也充满生机。经济全球化、竞争、技术和劳动力的发展趋势，以及经济动荡，都使企业面临许多新的挑战。企业需要跟随时代的脚步前进，高层管理者不仅期望而且要求人力资源管理者表现出帮助他们积极应对这些新挑战的能力。

所以，人力资源管理领域的第一个变化就是，今天的新的人力资源管理者正在面对更多的全球性问题，企业希望他们在做好招聘等基础工作的同时，能为公司内部管理出谋划策，能够帮助员工更好地为企业的成功做出贡献。此外，企业也希望他们帮助高层管理者制定和实施一些关于公司内部事宜的规定，并参与长期规划或战略制订。

人力资源管理者的工作重心正从提供交易服务转向为高层经理提供"信息丰富和支持性的"自我决策建议。那么，诸如招聘和对员工进行测试以及与员工签约等事务性工作由谁来做呢？

人力资源管理者需要找到提供事务服务的新方法，使用新的方法来提供传统的和"基本的"事务性人力资源服务。在当代的人力资源管理中，这种基础事宜一般会交给外包公司来处理，在筛选和雇用环节，人力资源管理者只需要做最后的"拍板"工作即可，他们利用技术（如基于内部网的网站）使员工能够自己管理他们的福利计划。

人力资源管理者应具备新的人力资源管理技能，如战略制定、内部咨询以及与外部服务提供商打交道等，他们也需要掌握更广泛的商业知识和技能。例如，在企业的发展中，高层领导者希望其可以帮助自己制订战略，这就需要人力资源管理者熟悉战略规划、营销、生产和财务等方面的规则和流程。

高层管理者和财务总监已经认识到人力资源管理在实现企业战略目标中的关键作用，人力资源管理可以更有效地控制人员成本，也间接影响了组织运营结果，这也有可能是人力资源高管薪酬水平越来越高的部分原因。

（二）战略性人力资源管理

尼卡斯特公司的特里·鲁兹和他的人力资源团队通过合作来设计和执行公司战略的过程，也就是管理者所说的"战略性人力资源管理"。战略性人力资源管理，就是通过合理规划来制定和实施相关的人力资源政策和实践，以企业目标为主导，帮助员工实现战略目标。企业的大部分新战略需要员工学习新的技能，或者直接通过招聘来获取新技能人才，公司的战略人力资源规划使它能够雇用合适的人。

（三）高绩效工作系统

许多竞争和经济挑战也意味着公司现在必须专注于提高生产率和绩效，对于当今社会的人力资源管理来说，帮助企业在充满挑战的时代提高绩效才是重中之重。在这种环境下，首先要对招聘提出要求，把人力资本放在首位，通过选择、测试、筛选求职者可以帮助企业获得更高绩效水平的员工。与此同时，要加强对原有员工的培训，使之具备与公司发展相匹配的技能。另外，高绩效工作制度是一套能够产生优秀员工绩效的人力资源管理政策，从较高的盈利能力、较低的运营成本和较低的员工流动率来看，采用高绩效工作体系的企业的整体绩效水平也是最高的。

（四）循证人力资源管理

简而言之，循证人力资源管理就是在与某一人力资源管理实践相关的决策过程中，谨慎地运用现有的最佳证据。证据可能来自实际推测（例如，受培训者是否喜欢这个培训项目？），也可能来自己有的数据（例如，在我们实施了这项培训计划之后，公司利润有什么变化吗？）。此外，这些数据还有可能来自公开发表的评估性科学研究。

对可衡量性的一个基本要求是，人力资源管理者需要获得一些数据。具体来讲，人力资源管理者需要量化的绩效衡量指标（绩效指标）。例如，从中位值的情况来看，人力资源成本在企业的总运营成本中所占的比例平均为 0.8%。此外，有趋势表明，在每 100 名员工中通常会有 1% 左右专业的人力资源管理人员（这一比例在零售和流通企业中更低一些，而在公共组织或政府部门中更高一些）。

（五）伦理道德管理

几乎每隔几年就会有一些管理者因为自己的不道德行为而成为新闻的主角。道德是用来决定一个人行动的标准，现代社会使道德丑闻会对人的未来产生长期影响，应该让所有的管理者在做任何事情之前都三思而后行。

这种情况当然也适用于人力资源管理。我们可以发现，在 10 个最重要的工作场所道德问题中，有 6 个——工作场所安全、员工档案的安全性、员工偷窃行为、积极的反歧视行为、可比性工作、员工隐私权——都与人力资源管理密切相关。

（六）人力资源管理认证

随着企业对人力资源管理工作的要求越来越高，我们看到人力资源管理的专业化程度不断提高也就不应该再感到吃惊了。已经有 6 万多名人力资源管理专业工作者通过了美国人力资源管理协会（SHRM）的一项甚至多项人力资源专业资格认证考试。这些考试考查人力资源管理从业者在不同方面的知识，那些能够通过这种考试的人将会获得人力资源高级专业人员（SPHR）、全球人力资源管理专家（GPHR）或者人力资源专业人员（PHR）的资格认证。

第三节　新型人力资源管理者

过去的"人事"管理者关注的最多的是日常行政性活动，随着人员测试专业技术的出现，人事部门开始在员工甄选和培训方面扮演更多的角色。20 世纪 30 年代的新的工会立法将"帮助企业与工会打交道"增加到人事部门的工作职责之中。随着 20 世纪 60 年代有关公平雇用方面的新的法律的颁布，企业开始依靠其人力资源管理部门避免自己陷入歧视诉讼之中。

今天，企业面临着通过经营获取更多利润等一系列新的挑战，他们期望自己的人力资源管理者拥有应对这些新挑战的能力。让我们来看看今天的人力资源管理者是如何迎接这些挑战的。

一、新型人力资源管理者的特点

新型人力资源管理者具有以下多个方面的特点。

（一）更关注战略性、全局性的问题

人力资源管理者更多地参与到了帮助自己公司处理长期性、战略性、全局性的问题当中。简而言之，战略人力资源管理就是制定并实施有效的人力资源管理政策和做法，从而获得公司实现战略目标所需要的员工能力和相应的行为。

（二）关注如何提升绩效

企业期望他们的人力资源管理者帮助进行领导绩效提升活动。今天的人力资源管理者在提高公司业绩和盈利能力方面处于强有力的地位，主要是通过三个主要杠杆确立的。第一个杠杆是人力资源部门的杠杆。人力资源管理者可以确保人力资源管理高效率地提供服务，可以通过外包、裁员或员工雇用的选择来以较低的成本提供人力资源服务。第二个杠杆是员工成本杠杆。例如，人力资源经理在向高层管理人员提供有关公司人员编制水平以及制定和控制公司的薪酬、奖金和福利政策等方面的建议时，发挥着重大作用。第三个杠杆是战略结果杠杆。人力资源管理者通过制定和实施各种人力资源管理政策，挖掘和提升员工的能力和技能来实现企业战略目标。

（三）衡量人力资源管理的绩效和结果

对性能的关注需要性能度量。管理层希望人力资源管理者能够为当前人力资源管理活动的效率和效果提供可衡量和基准的证据，这就需要人力资源管理者制订相应的衡量机制来对绩效和结果做系统化的评估，来表明其员工以一种有意义和积极的方式帮助公司实现其战略目标。

（四）运用循证人力资源管理

人力资源管理者通常使用各种数据、事实、分析方法、严格的科学手段来进行关键评估和仔细评估，通过分析研究或案例来支持自己的建议、决定，从而得出人力资源管理的实践结论。证据可能来自实际评估（如受培训者是否喜欢这个培训项目），也可能来自一些已有的数据（如在实施了这项培训计划之后，公司利润有什么变化）。此外，这些数据还有可能来自已经公开发表的研究（例如，大量的科学研究文献对于下面这个问题得出了怎样的结论：能够确保受训者牢记学过的内容的最好方法是什么）。

（五）为组织增加价值

归根结底，今天的企业都需要它们的人力资源管理者通过提高公司的利润和绩效水平来为公司增加价值。戴维·尤里奇教授和韦恩·布洛克班克教授将企业的这种诉求描述为"人力资源价值主张"。他们认为，各种人力资源管理项目（如甄选测试）都只不过是获取结果的一种手段而已，人力资源管理者的终极目标在于增加价值。[①]"增加价值"的意思是，通过人力资源管理者的行动，以一种可衡量的方式帮助公司及其员工取得改进。

（六）采用新的方法提供人力资源服务

为了节约时间履行新的战略性职责，同时以成本有效性更高的方式提供人力资源服务，今天的人力资源管理者采用新的方法来提供传统的日常

① 戴维·尤里奇，韦恩·布罗克班克，乔恩·扬格，等.高绩效的 HR[M].朱翔，吴齐元，游金，等，译.北京：机械工业出版社，2020.

性人力资源服务（如福利管理）。例如，他们可以利用公司门户网站等技术让员工自己管理个人的福利计划，利用脸谱网招募模块来招聘员工，通过在线人员测试进行求职者的预甄选，还可以使用集中呼叫中心来回答各级主管人员提出的与人力资源管理有关的问题。

（七）将人才管理方法引入人力资源管理

在企业迫切要求提升绩效的情况下，一项针对人力资源高层管理人员的调查发现，"人才管理问题"是他们所面临的最紧迫的问题之一。人才管理是一个以目标为导向的整合人力资源规划、招聘、开发、管理以及薪酬等人力资源管理活动的过程。它将识别、招聘、雇用和开发员工等活动变成了一个协调一致的整体。例如，IBM公司将其员工划分为三种类型，这样就能更好地协调对每一类员工的服务。

（八）管理员工敬业度

提升绩效要求有敬业的员工。企业生产力研究所将"敬业的员工"定义为在精神、情绪方面投入工作且能够为企业的成功做出贡献的员工。然而，令人遗憾的是，很多研究表明，在美国只有不到三分之一的劳动力能称得上是敬业的员工。今天的人力资源管理者需要具备管理员工敬业度的能力。

（九）管理伦理道德

令人遗憾的是，在今天的新闻报道中充斥着很多管理者在伦理道德方面的恶行。举个例子来说，检察官对艾奥瓦州的几家肉类加工厂的人力资源经理提起了诉讼，原因是他们违反政府雇用法律，雇用16岁以下的童工。即便是对于那些管理水平很高的管理者和企业来说，也同样存在被类似行为毁掉的危险。伦理道德是指人们在决定自己该采取何种行为时所依据的标准。许多发生在工作场所的非常严重的伦理道德问题，如工作场所的安全问题和员工隐私问题，都与人力资源管理有关。

二、人力资源管理者的胜任素质

（一）人力资源认证协会的认证

许多人力资源管理者都利用专业认证来证明自己掌握了现代人力资源管理的知识。人力资源认证协会（HRCI）是一个独立的、针对人力资源管理专业人员设置的认证组织。人力资源认证协会向考试通过者授予相应的证书，其中包括人力资源专业人员（PHR）和人力资源高级专业人员（SPHR）等。

到目前为止，已有（虽然并不完整）的证据表明，总体来说，通过上述能力认证反映出来的人力资源管理胜任素质与实际的工作有效性之间存在正相关关系（当然，一个人的职业成功最终还要取决于其将所学知识应用于实践的能力，而并不只是知识本身）。

（二）人力资源认证协会的知识点

人力资源认证协会的知识体系大致由以下占比不同的几个主题构成（人力资源专业人员认证考试中所占的百分比 / 人力资源高级专业人员考试中所占的百分比）：战略性企业管理，12%/29%；员工队伍规划与雇用，26%/17%；人力资源开发，17%/17%；总报酬，16%/12%；员工关系与劳资关系，22%/18%；风险管理，7%/7%，以及某些具体的核心知识，如有关激励和职位分析方面的知识。

不同企业对于人力资源认证的要求各不相同，但并不能否认这是对公司利好发展的一个重要方面，对人力资源管理者的高要求，也是对公司未来发展和决策有利的重要方面。

第三章 大数据与人力资源管理的关系

第一节 新世纪人力资源管理面临新形势

在了解大数据与人力资源管理的关系之前,首先应了解在当前情况下,人力资源管理所面临的形势，也就是较之以往发生了哪些重要变化。

一、人力资源管理，已经变成了劳动力管理

在互联网、大数据背景下，碎片化已经成为事实。时间碎片化、学习碎片化、用工碎片化等都是新的事物。一位研究劳动力的专家称，劳动力供给在今天与以往相比已经发生重大变化。

以往的公式是：

劳动力供给=劳动者人数×劳动时间

现在的公式是：

劳动力供给=（全职雇佣的劳动者+非全职雇佣的劳动者）×（小时工作时间+加班时间+碎片化时间）

因此，人力资源管理已不能叫"员工管理"，而应该叫"劳动力管理"或"劳动者管理"。劳动者不一定是我的员工，而是我所使用的人。在互联网冲击下，企业的边界正在被打破。同时，企业也获得了更低廉的劳动

成本。

最典型的是像传媒业、互联网业、创新产业等知识劳动者密集的产业，他们完全可以采取雇用专家组成项目团队的方法来完成工作，创造一般人创造不成的价值。另外，居住在企业附近的人也可以成为自己的雇员。随着互联网、大数据技术的发展，劳动力管理工具已经能够最大限度地整合劳动力资源，帮助企业在合适的地点更精准地找到最合适的人选。

互联网和大数据还改变了劳动者的工作方式，像专栏作家、淘宝店主、酒后代驾、专车司机等都是一些灵活就业者，他们依靠互联网找到了自己满意的工作。在大众创业、万众创新的大背景下，"个体户"的概念也需要重新定义，他们应该称为"自我雇佣者"。他们的社会福利与社会保障应该跟上时代，有所创新，而这正是人力资源宏观管理部门所忽视的。

二、对于人力资源管理来说，征信很重要

我们这里讲的"征信"，是指建立基于大数据的个人征信系统。

商务部的研究人员说，"征信就是征集信用记录"。详尽的解释是：授信机构（金融机构或商家）自身或委托第三方机构，对客户信用状况进行调查验证，形成报告，用于决策，以规避风险的事情。对于普通百姓来讲，个人征信状况，主要用于个人申请信用卡、办理车贷房贷、求职、投保等事项。因为当今社会，直接利用现金进行交易的情况越来越少，如果没有社会信用系统支持，风险就会很大。而征信乃是信用体系的基础。

中国人民银行 2015 年 1 月印发《关于做好个人征信业务准备工作的通知》，要求芝麻信用、腾讯征信等 8 家机构做好征信业务的准备工作，准备时间为 6 个月。这 8 家机构包括互联网巨头、保险公司、老牌征信公司、拥有数据资源的新兴公司。由此可以看出，"互联网＋大数据"将在未

来征信体系建设中发挥重要作用。

征信业其实是一个很有点历史的行业。最初就是委托调查，已有几百年的历史。到互联网时代，互联网与征信结合就出现了互联网征信。"对大数据的分析和信息自动化采集"是互联网征信的最大特点。

上海一位白领在朋友圈发了一条消息：个人信用分数766分。在这个分数的旁边还写有四个字"信用极好"。这有什么意义呢？原来凭借这个分数，她就可以申请到申根签证，持这个签证，就可以在包括芬兰、法国、德国、意大利等26个国家通行。

这位白领得到的分数来自"蚂蚁金服"2015年年初推出的信用服务——"芝麻信用"。支付宝用户可以开通自己的"芝麻信用"功能。"芝麻信用"用五个维度综合了个人用户的信用状况：信用历史、行为偏好、履约能力、身份特质、人际关系。用户的"芝麻信用"分数达到了一定的数值，则租车、住店、网购、办理签证就有望不用交纳押金，或可以先试后买、不用提供存款证明了。

基于购物信息、水电费交纳、支付习惯、黑名单记录等大数据，就可以掌握一个人的信用状况。当然，有的大学生是没有办理信用卡的，但这些人可能早就在网上购物了，甚至已经成为支付宝资深用户了，他们在互联网上留下的足迹和行为数据，已经可以为其信用打分。

目前，互联网征信企业也存在一些问题，如独立性与客观性的问题。互联网征信企业应该努力保持中立、公正。有人指出，有的企业虽然掌握不少数据，但是没有掌握其平台之外的数据，因此是不完整的，尚有待改进。

三、大数据在宏观管理方面应用很广

大数据应用于宏观层面的人力资源管理，可以表现在很多方面。

（一）信息公开能够促进就业

由于推动社会信息公开、透明与共享，内部与外部利益相关者都提高了工作效率，产生了公共效益。例如，中国人民银行上海总部公开金融信息后，催生了一批金融信息咨询服务公司，拉动了 10 多万人就业。

（二）实时数据确实促进就业

联合国启动"全球脉动计划"，为各国提供实时数据分析，以便准确了解人类福利状况，降低全球性危机对人类生活的影响。联合国秘书长潘基文说，联合国必须为自己的服务对象服务，帮助那些失去工作、生病、难以养活自己和家人的人。

（三）个性服务大大促进就业

传统公共服务强调共性，实际上，个性化需求十分迫切。德国联邦劳工局通过对就业历史数据的分析，区别了不同类型的失业群体，实行有针对性的服务，在每年减少100亿欧元的情况下，减少了失业人员平均再就业的时间。

（四）"千人智库"促进人才创业

"千人智库"是一个依托全球人才资源大数据，对接各级政府、企事业单位人才与项目需求，面向市场提供高端猎聘与咨询服务的民间智库。总部位于湖北武汉光谷。"千人智库"拥有巨大的数据资源，整合了工人杂志、科研出版社（亚洲最大的开源电子期刊出版社）、汉斯出版社（全球最大的中文开源电子出版社）等相关机构的人才资源，掌握全球1000

万名以上的科学工作者数据，并形成了每天实时更新的智能化人才大数据。作为一个巨大的信息化平台，"千人智库"能够精确匹配客户的人才需求，已经为天津，湖北武汉、鄂州、襄阳、黄冈，以及浙江余姚、辽宁本溪、江苏南京、北京中关村等地开展人才引进与项目对接服务。与传统的引才方式相比，"千人智库"具有服务范围大、引才效率高、成本付出低的特点。

以上是对大数据应用于宏观管理方面的总体介绍，但这不是本书的重点。本书主要讲的是大数据应用于微观管理方面的一些问题。

第二节　基于大数据的人力资源管理

关于大数据人力资源管理，人们有不同的认识。例如，有人认为，我们当前使用的数据，尚不够大；还有人认为，我们目前的管理距离大数据管理差得还很远。我们认为，在互联网时代，大数据已经生成在我们身边。我们使用的互联网就是"大数据""云计算"。包括简单至极的出行打车，你所使用的手机（移动终端）工具，就是以大数据为基础的。因此，在我们的论述中，均以"基于大数据的××"来加以区别。这是需要说明的。

一、基于大数据的人力资源规划

人力资源规划，就是对组织人力资源的进出以及配置做出提前的设想与准备。显然，这需要弄清几个问题：当前本区域内的人力资源总况，当前组织内人力资源余缺，当前本组织最需要的人力资源类型、层次和数量，内部人力资源流动配置计划方案等。

哪些人会离职要特别引起重视。因为人力资源工作者必须保证人力资源能够充分满足组织内各个工作岗位的需要。

通过数据挖掘，专家发现，通过询问"不墨守成规的人，在每家公司都有生存空间"这样一个问题，同意该说法的人，往往跳槽率较高。这是回归方程计算的结果。

沃尔玛公司认为，统计回归不仅可以对员工离职进行预测，而且能同时报告预测的准确程度。沃尔玛从它的雇佣测试回归中学到三件事：一是应聘者在其岗位上能够工作多少时间（比不同意该说法的人少 2.8 个月）。二是这种预测的精确率有多大。三是这样的应聘者供职更久的概率是多少。

二、基于大数据的人力资源招聘

人才管理从系统论的角度看是一个"进管出"的过程。也就是首先将各类人员包括其高端部分人才引进组织之中。

大数据时代的招聘以数据作为衡量人才的前提，以模型作为评价人才的标准，能够进行迅速、有效的筛选，保障招聘质量。美国 IBM 公司花费 13 亿美元，收购了 Kenexa 的一个招聘培训机构（它每年向 4000 万工作申请者开展问卷调查，获得基于大数据的人员特质分析），使招聘岗位与应聘者之间实现更加精确的匹配。专家认为，这种形式的招聘，从技术角度看，是持续的数据挖掘过程；从信息角度看，是关联信息不断组合的过程；从专业角度看，是对岗位价值、胜任力的理解过程。

大数据时代的人才招聘，是一个双向选择过程。组织要选人才，人才也要选组织。这是一个双向互动过程。

（一）借助社交网络

目前，企业招聘已经能够借助社交网络，达到知人的目的。社交网络是拥有大数据集群的最大主体，能够通过它获取应聘者生活、工作、能力状况及社会关系等各方面的信息，形成立体形象便于企业做到"精确人岗匹配"。融合社交网络的最佳对象，有人认为是 Linkedln。它能够借助社交基因弥补传统网络单向招聘的不足，既能令雇主与应聘者之间彼此深度了解，也能节省招聘成本，提高招聘效率。

（二）通过人力资源外包公司

现在美国很多人力资源外包公司能够从两个对立的方面为求职者与招聘者提供服务，如 Glassdoor、 TalentBin、 Identified 等。在 Glassdoor 这家公司注册的求职者，可以了解应聘公司的薪酬水平、工作环境、公司内幕，在与脸谱网公司整合后，还可以告诉你，应该结识公司里的哪些人，可以提出想到哪个岗位工作。还有的公司借助社交网络，能够告诉求职者应聘公司内部有哪些认识的人，公司有没有关于职工婚姻状况的潜规则。要想晋升需要准备什么样的知识、提高什么样的技能，被聘任之后，可以按照什么样的路线图发展自己等。

作为人才招聘方的企业，自然十分想获得应聘者的信息。TalentBin 公司通过收集社交网络上的个人信息，整理编辑出一个以人为中心的信息库，想招聘什么样的人，可以通过搜索获得。另一家叫作 Identified 的公司，可以对求职者进行打分比较。其核心功能是通过工作经历、教育背景、社交网络为求职者打分，其信息来源为 Facebook。

（三）人才网络招聘

通过互联网进行招聘，目前已经广泛流行。将来，基于大数据的网络招聘，会将网络社交功能引进招聘过程。在新型的网络招聘过程中，求职者可以在网站建立自己的简历，分享求职经验，关注职位信息，建立人脉；

组织也可以在上面树立自己的企业形象，吸引优秀人才加盟，发布招贤信息。

人力资源招聘首先需要面试。关于面试的方法很多，这里不再展开论述。比较先进的方法是一种通过游戏识别人才的技巧。

（四）高效率的视聘招聘法

最近出现的基于大数据、人才模型的"欧孚视聘招聘法"是一种高效率的招聘法。欧孚视聘董事长黄悦称：这种方法整合了人力资源专家、移动互联网专家、心理学家、视频技术专家、行为分析专家的智慧，共同研发而成。其所依靠的心理技术是"五大职业人格"，而不同之处在于通过采取视频数据，来读懂应聘者的形象、表情、气质、表达、手势。关键点在于应用了机器能力、分析算法，把大数据与人工智能作为武器，完成了将应聘者与所招聘职位的匹配。无论是从准确性来看，还是从效率上来看，都得到了成倍提升。

这种方法被国际学术界称为"科学读心法"，又被称为"人工神人"。最大的革新之处在于不是通过直接询问，而是依据一个人释放的个体信息，包括表情、语言、体势语言、生理特征来判断其内心状态。移动手机用户可以通过微信把一段视频发过去，进行分析。这种方法的主要优长之点是移动化、可视化、精准化、温情化。

（五）有趣的"芥末侍应"游戏识人法

玩家在游戏中是一家食品店的服务员。他需要依据顾客的表情来给他相应的食品。开心的顾客就要给他代表开心的食品，难过的顾客就给他代表难过的食品。虽然看上去这个游戏与一般游戏没什么两样，但可以对玩家在游戏中每千分之一秒的行为进行解析，考察他们与就业职位相关的性格特征，如责任感和应变能力等。

另外，还有很多这样的游戏能够辨别被测者的智力水平、情绪控制能力、对环境的适应能力。其最大优势是在短时间内进行多项测试，而且无须被测者做出有倾向性的问答，他也无法作弊。这种游戏软件是奈可公司开发的。专家说："大数据的应用，使得计算机在处理大量数据时，可以从中挑选出人关注不到的信息。这就能够使人力资源工作者做出更加客观准确的招聘决策。"① 人才招聘以往主要靠面试与简历筛选。前者误差大，难免受到"以貌取人"的影响。后者也会受到千人一面的困扰。

（六）人才雷达与雷达人才

人才雷达是基于云端，利用数据挖掘定向分析，帮助企业找到合适人才的信息平台。创始人是周俊博士。他说："通俗一点讲，就是基于数以万计的论文数据、几千万的简历数据，加上微博的支撑，根据企业的招聘需求，搜索关键词，自动匹配求职者，根据个人的求职需求，自动匹配一些职务。"②

这种方法能够从 9 个维度给出某个潜在求职者一个分值。在互联网时代，每个人在网络上留下大量数据，其中包括生活轨迹、社交言行等个人信息。依靠对这些数据的分析，能够将锁定的人的兴趣图谱、性格画像、能力状况从中剥离出来。例如，可以从高校网站获取这个人的所受教育经历；可以从其所发表的论文、专业论坛发表的文章、被人引用的次数了解到专业影响力；可以从其所交往的好友辅助判断能力状况；可以从其网上的抽象语言判断性格特征；可以通过分析其网上行为表现而得知职业倾向；可以关注其发微博的时间特点、在专业论坛上的时间而推测其是否符

---

① 戚研 . 精准招聘 [M]. 苏州：古吴轩出版社，2019.06.
② 周俊 . 问卷数据分析：破解 SPSS 软件的六类分析思路 . 第2版 . 北京：电子工业出版社，2020.

合某种职业的要求。

以上讲的是人才雷达，那么什么是雷达人才呢？

雷达人才是专门等着人才前来登记的一个地方。其网页显眼的位置上写着"雷达那么强，我想去试试""又好又快又不要钱""找工作，雷达一下"，打开网页，求职者可以将自己的姓名、求职要求填写进去，一周之内，自动登录。其实，这时你就是其人才库的一个成员。你需要找工作，他们也需要你的加入。

"数职寻英"是周涛博士的一个创新。它其实是一个借助手机的"社会众包平台"，又叫"指尖招聘"，周涛解释说，当你在朋友圈分享了一个招聘需求，并被朋友分享给其他人，最后有人获得此信息并被录用了，那么所有转发此信息的人都将获得奖励。[①] 这么一来，人人都可以是猎头。

大数据时代的人员招聘，能够结合社交网站，掌握应聘者的各类信息，包括个人视频、工作信息、生活状况、社会关系、个人能力等，都能被了解，从而形成关于应聘者的立体图像，有利于做出正确判断。

三、基于大数据的人才选拔

专门研究大数据时代人才寻找的哈尔滨工业大学教授唐魁玉说："国内一流大学在引进长江学者、973 首席科学家和其他杰出人才时，应在全球范围内人才数据库里加以遴选和聘用。这样做的结果，既可以避免做井底之蛙，也可以防止掌握人事权的人以权谋私，随意聘任自己关系网里的熟人，促进一流大学人才间的流动。"[②] 这对有志于寻找高级人才的省市、行业来讲是一个重要提醒。

案例：凭借大数据寻才的美国 NBA

① 魏华颖. 招聘管理 [M]. 北京：北京首都经济贸易大学出版社，2022.
② 唐魁玉. 虚拟社会人类学导论 [M]. 哈尔滨：哈尔滨工业大学出版社，2015.

在美国 NBA 征战的球队，都有自己专属的大数据工作人员。其中最为重视的非凯尔特人与火箭莫属，而不重视数据的球队总是在联盟中垫底。

22 岁的达雷尔·莫雷成为休斯敦火箭队的总经理助理，第二年成为总经理。他善于利用大数据选人，特别是选到了当时名声不那么显赫的韦斯特、杰弗森和杰拉德。当时争说很多，后来却证明莫雷的选择是正确的。

莫雷还善于利用大数据预测一个队员与其他球员配合时的表现。莫雷曾在选秀中放弃了当时最红的杰伦·戴维斯和约什·麦克罗伯茨，转而选择了身高只有一米八的后卫亚龙·布鲁克斯。很多人对此不解。后来，他的表现压倒了包括当时"榜眼"在内的诸多新秀，成为一颗冉冉上升的新星。但莫雷对自己的计算方法从不向外讲，一直讳莫如深。

案例：用数据分析选择棒球队员

对于棒球球员来说，是通过肉眼考察选拔好，还是通过数据选拔好？这个问题一时还很难回答。但美国作家比尔·詹姆斯认为，数据胜于肉眼。他说："肉眼的观察不足以让人了解到评价一个球员的标准。仅凭观察不可能看到上垒率 0.300 的击球手和 0.275 的击球手之间的差别。他们仅仅是每两个周击一下的区别。如果你一年观看 15 场比赛，那么 0.275 的击球手就有 40% 的可能性比 0.300 的击球手击出更多安打。好的击球手和一般的击球手的差别，是不容易看出来的，只有从他们的记录上才能看出。"

有人发表评论说，在球探们看来，要找到一个好的棒球队员，需要开车走 6000 多公里，住上百次破烂的汽车旅馆，在 Dennys 餐厅吃无数次的饭，之后才能在 4 个月内看完 200 场高中或者大学的棒球比赛，而且其中有 199 场完全没有意义。而要真正能够看到细节，还必须正好坐在球手的正后方。这样的机会可能只有一次。

这里，核心的分歧在于，到底是应该凭经验观察，还是凭统计数据来做出选拔人才的判断。

"奥克兰运动家队"的总经理比利·比恩读过詹姆斯的文章，他是赞成以数据选人的人。比恩非常喜欢一个叫杰里米·布朗的人，因为他比别的球员走动得更积极。可是球探们不喜欢这个人，认为他太胖，而身材笨重的人是不可能在球队中打主力的。但是比恩却不信这一套，他丝毫不在乎球员的外表体型怎么样，关注的是能不能打球。后来布朗的进步比那年买到的球员进步都快，成为显赫的主力，第一场比赛就打出了好成绩。

詹姆斯在《魔球》①一书中详尽记录了奥克兰运动家队等球队凭借数据而在自己领域的长期成功。这既是对以数据取胜者持久影响力的礼赞，也是对崭新的选人方法的礼赞（参见《大数据思维与决策》②）。

四、基于大数据的人力资源配置

关于人力资源配置，人们必然会想到有关"能力模型"的研究。1973年，哈佛大学麦克利兰教授发表论文指出，一个人能不能胜任某项工作，不是要看其智力，而是要看其胜任力。找到能够区分绩效优异与绩效低劣的一些潜在心理特征很重要。从此，有关胜任力模型的研究在美国兴盛起来，并逐渐影响我国。

能力模型的开发过程是严格遵循心理测试标准的。模型做好后，可以以它为基础，开展人才招聘、配置、培训、绩效考评等。实际使用过这种模型的人都会感觉到，其开发过程比较复杂，费用也不菲，但并不实用。伴随着互联网的出现，人们逐步认识到，岗位是不断变化的，基于岗位的能力模型，很难适应这种变化。人们在思考：如果重视一个人的智力水

---

① 詹姆斯. 魔球 [M]. 北京：时代华文书局有限公司，2022.
② 伊恩·艾瑞斯. 大数据思维与决策 [M]. 宫相真，译. 北京：人民邮电出版社，2014.

准，加上潜力考察，能不能打破原有的、中心化的、封闭的心理评估工具，代之以能够反映群体智慧的评价方式呢？这种社会化的评价机制，可能就存在于社交媒体中，存在于群体智慧中。世界是否进入了"后能力模型时代"？

五、基于大数据的人才测评

人才测评已经进行多年，不少人力资源服务公司都在研究如何才能更精确地进行测评。我们认为，大数据可以在这个领域大显身手。

为什么看好大数据测评？因为马克思说过：人的本质是人的社会关系的总和。试问：在大数据时代到来之前，谁能够把一个人的"社会关系总和"搞清楚？

但是，社会上已经出现大数据"搜索引擎"。搜索引擎越多越好，信息仓库里的信息越多越好。有了这种搜索，不良分子已经难以遁形藏身。我们能不能反其道而用之——找寻到他的优秀面？大数据能够把人的各种信息踪迹迅速抓取、搜集在一起，并能够进行综合分析。所以，大数据方法是人才研究的利器，也是人才测评的利器。但是，一定要注意道德与法律问题。

更深一层的意思：对于人才测评，不宜将对象分得过细。过细了，便什么也找不到了。不过，能否通过人才品质测评人才，目前尚存争论。让我们先来看看反方，美国一位著名教授的观点。哈佛大学校友汉德法官，在写给哈佛大学校长洛威尔的一封信中说：

"如果有人能设计出一套诚实的品性测试方法的话，它或许会很管用。但除了能发现显而易见的不良行为外，我怀疑它的可行性。总而言之，在我看来，只能通过学识来选拔学生在讨论人才测评的时候，有一个动态值得关注：计算机识别人的面部表情技术。"[①]

当你打开视频网站看到一则广告时，禁不住流露出惊喜的表情。这时，摄像头提示灯忽然闪了闪，这是什么意思？实际上，这是在对你进行测试，包括眼睛定位，寻找嘴部水平中心线，XYZ 轴建模，眼轮曲肌、皱眉肌、喉大肌各块肌肉的位移，数据传输，数据库表情匹配。

计算机对人面部识别技术准确率达到 96.9%。对更复杂的复合情绪识别率达到 76.9%。有家美国公司专门为顾客提供情绪反应数据。此方法还可以用来进行表情测谎。原理是：人们进行虚假和真实的感情表达时，使用的大脑映射不同，因此反映在面部肌肉动作上也有不同。这样微妙的变化人类很难区分，对计算机来说却很容易。

笑是人的表情的一个最基本的动作。但是，一般人对笑的详尽分类并没有注意，认为就那么几种。实际上笑有 27 种之多。对于这么多种的笑，靠人的肉眼是分不清的。但是计算机可以做到，可以在千分之一秒之间，捕捉到是哪种笑。它靠的是对面部肌肉的微细动作的分析。也就是说，计算机加上大数据，可以通过模型来分析一个人的笑到底是一种怎样的含义。这对研究知人之术是一种有价值的参考。

六、基于大数据的人才使用

在每个企业里面，都会产生大量的数据踪迹。通过分析员工之间的沟通数据，不仅能够了解员工个人的表现，而且能够掌握团队的合作状况，从而能够采取有效措施提高企业内团队的合作效率。甚至在团队组成之前，就能预测出队员间的合作情况，以及可能出现的问题。

利用传感器和数字沟通记录，可以帮助公司高层知道不同团队擅长完

[①] 韩志艳.面向语音与面部表情信号的多模式情感识别技术研究 [M]. 沈阳：东北大学出版社,2017.

成何种类型的任务，从而创造出"团队指纹"，也就是他们中的职工与什么类型的任务能够做到相互匹配。

建立团队指纹，不仅会让这个团队在某一个特定项目中获得成功，而且会让公司长期受益。

七、基于大数据的人力资源考核

考核是人力资源管理的重要环节。没有考核就没有管理。

在谈到考核问题前，我们先来认识一个在美国已经出现的奇妙东西——社会传感器。

社会传感器是一种具有多种感应功能的装置。最初，它只包含一个红外线收发器、一个麦克风和两个加速度传感器，并在被严格控制的条件下使用。经过改进，传感器增加了显示功能，可以显示滚动信息，还可以戴在脖子上。后来，增加了一个蓝牙无线电设备，一次充电可持续搜集 40 小时，甚至可以做到无线充电。

传感器搜集信息包括两部分内容，即个人的（如是否抑郁）与社会的（与他人的交往）。重点放在互动模式与汇总统计上，它所关注的是不同部门之间如何协作。项目的每个参与者都可以随时删除自己的数据。

在美国，不少公司要求职工一上班就打开计算机记录你一天的工作。由于有了社会传感器，有了计算机对你一天工作的详尽记录，考核就变得十分简单。组织可以通过软件记录员工每天的工作量、具体工作内容、工作成绩，然后使用云计算处理，分析这些数据信息，据此可以清楚知道员工的工作态度、忠诚度、进取心等。基于大数据，考核就变成"人在干，云在看"。

既然考核已经进行，那么，根据考核结果，就可以按月分配，将不同的薪点与对应的薪酬数量确定下来。有了大数据，对有的组织来说，可以实现"提前考核"。在国内，有的电商利用大数据，能够提前预测出每个员工的工作业绩。比如商品销售额任务是否能够完成，过去只能在年底算账，现在则可以提前预知，并适时对员工予以指导。那么，管理者是怎样知道哪个人无法完成预定指标呢？

原来他们通过大数据方法建立模型，将三个数据联系起来：第一个是"询盘价"，就是前来点击询问的商品价。第二个是下单价，要购买的总共的商品价。第三个就是实际发生的交易价。这三个数据之间有一定的比例关系。

八、基于大数据的人力资源薪酬

实际上有了基于大数据的人力资源考核，确定薪酬就有了办法。

大数据在薪酬方面的应用，首先在于对企业内薪酬的测定。这个不难，只是个计算问题。其次还在于对本行业薪酬水准的把握。为了获得国内外同行之间的竞争力，需要参考大数据为你提供的数据来调控本企业薪酬水准。云计算技术使你能够快速解决此类问题。

在谈论薪酬问题的时候，还需要认识一种小事物：社会关系测量器。社会关系测量器是干什么的？

西方国家早就时兴薪酬谈判。就是给你发多少薪酬，劳资双方有一个谈判博弈过程。美国有个叫彭特兰的人，是研究人类动机学的学者，依据大数据原理研究出来一种叫社会关系测量器的新发明。它能够记录在人们无意识情况下输出和处理的信号。彭特兰说，只需30秒的社会关系测量数据，就可以预测出双方在未来薪酬谈判中扮演什么角色。据说它的准确率达到95%。在薪酬谈判中，它有助于洞察谈判对手，提前使自己处于主动地位。

九、基于大数据的人力资源培训

当前，人力资源培训的一个重大特点就是在线教育人数大增。在线教育浪潮在美国涌起。一系列智能网络学习平台成为投资重点。著名的在线教育公司与普林斯顿和伯克利、宾夕法尼亚等大学合作，在互联网上免费开放大学课程。

这些学校的课程可以实现全球几十万人同步学习。分布在全世界的学生不仅可以在同一时间听取同一位教师的授课，而且可以和在校生一样，做同样的作业，接受同样的考试和评分。

我们国家也不落后。国家开放大学携各分部、行业（企业）学院、地方学院、学习中心等，与相关行业、企业与工会系统等开展了广泛合作，面向生产和服务的一线职工开展培训活动，实现了产业工人不必耽误工作就能学到与自己职业息息相关的知识，并能获得相应证书。

开放大学是20世纪60年代出现的世界高等教育领域的一种新型学校。这种大学强调开放教育，强调利用现代信息技术与教育教学的深度结合，向有意愿学习、有能力接受高等教育的人提供学习机会和服务。

英国开放大学是世界上最早成立的开放大学。开放大学由于其独特的教育理念、价值取向和社会效益，日益受到国际社会和各国政府的高度重视。在我国发布的教育规划纲要中曾明确提出，要"大力发展现代远程教育""办好开放大学"。目前，开放大学正在围绕促进全民学习、终身学习、学习型社会建设而进行积极探索。

与此同时，越来越多的培训机构开始开发专业的网络培训软件，供用人单位根据向身需要选择购买。这些软件能够忠实记录每个员工的学习行为数据，并将其归入员工个人学习档案，生成个人学习曲线图，反映个人学习成长过程。

专栏：微课与慕课

微课：2008 年，美国新墨西哥州圣胡安学院的高级教学设计师、学院在线服务经理戴·彭罗斯，将原本几十分钟、几个小时的课堂内容提炼出要点，制作成十几分钟的微型视频课堂。自此，微课概念产生。

慕课：它是以信息技术为基础的更大时空背景下的课程，是在世界范围内任何人都可以自由出入的大学堂。其最不可思议的创举是：进入名牌大学名教授的课堂，竟然可以分文不付。

以互联网与大数据为基础的新的教学生态是：单向传播变为互动传播，通过订阅信息能够构建自己独特的知识结构，废除大学围墙与教室，学习可以随时随处进行，而且不受经费的限制。目前，中国石油大学联合其他院校已经整合构成了 1 万多学时的"泛在学习资源库"，并开发了适合手机、平板电脑、计算机等多种终端进行学习的方式。

现在，越来越多的企业开始购买网络培训课程。这不仅能够节省培训支出，而且能够记录每个员工的学习行为数据。不仅能够知道每个员工学习情况如何，而且，能够根据实际情况给每个员工量身定制课程，提升培训效率。

大数据、互联网、云计算能够把行政办公、教学管理、学生管理、教学资源管理、一卡通集成在一个统一的门户下，为全校师生提供一站式服务。在福建化工学校，每个学生都有一个终身账号，也就是他的学号，即使毕业了，只要有一部手机（或者能联网的计算机），都可以进入学校的数字校园平台学习。学生在工作之后仍可以"回到母校"开阔视野，终身学习。

飞行员培训也可以基于大数据。在飞机上有一种与黑匣子一样重要的东西，叫作"快速存储记录器"，又称 QAR（Quick Access Recorder），实际上是一种带保护装置的飞行数据记录设备。它的功能是通过在飞机机身安装的几千个传感器，搜集到从飞行员走进机舱到飞机落地的全部操纵动作数据。

美国通用电气（GE）公司采集了 5500 多架长机的 7800 多万小时的飞行数据，从中整合出 4600 多个预置飞行模型，形成了一个强大的数据库。它的功能是能够帮助航空公司实现智能化飞行。这个数据库帮助我国春秋航空精确还原了 3 年内的 23 万项飞行数据，能够看到每一个细小操作，并对飞行员的操作习惯进行了跟踪。之后又对数据进行了深度分析，在日后培训中有针对性地改善飞行员的不良驾驶习惯。

十、基于大数据的实际操作考试

考试的类别较多，这里仅举一例来说明利用大数据改进的方式方法。

实验操作考试是目前中考的一个项目，但是操作起来比较困难。以山西太原市的一场中考为例，传统的实验操作考试是这样的：全市分物理和化学两个考场，每天考 M 场，每场 15 分钟，场次间隔 20 分钟。每个考场 24 名考生，12 名监考评分教师，每个监考评分教师负责 2 名考生。一天之内，每名教师只能监考 28 名考生。在每场间隔的 20 分钟内，教师还要整理仪器，调整摆放位置。由于教师数量不足，持续时间长，劳动强度大，历来都是实验操作考试的难题。另外，人为的监考评分，难免有失公允，也成为考生及考生家长担心的问题。

太原市教育局在中考理化实验操作考试中，利用现代信息技术手段，在大数据的助力下，创新了考试形式，取得了良好的效果，受到普遍欢迎。

太原市教育局的做法是：成立太原市理化实验操作考试领导小组；在太原市教育装备中心设立实验操作考试工作办公室，研究实验操作考试必须使用的科学手段；在专业公司的技术支持下开发出"互联网＋实验操作考试评价系统"。该操作系统由操作云数据管理中心、考场设备（包括网络摄像头、考生终端、考点管理软件）组成。能够实现考生、学校、考题、考场等所有数据信息化管理，视频监考，实验过程记录，并通过互联网传输至数据库，进行后期追溯与大数据分析。

这种新型的实验操作考试方法已经装备了41个考点、82个考场。在每个考场考生的考题是由每组的第一个考生随机抽取的，抽取过程在大屏幕上实时显示。进入考场后，每个实验台上都有一个数据盒，两旁固定着两个高清摄像头，考生实验操作全过程通过视频数据传输到云数据管理中心，监考老师现场评分，经学生确认后，即时输入分值，提交数据中心，整个考试过程高效、透明、客观、公正。

即使在考试成绩公布后，如有疑问，也可做即时查询。网上阅卷也在很大程度上解决了实验操作考试打分公平性问题。通过实验考评系统的大数据分析，还为实验教研积累了大量真实的基础数据，为实验教研的开展提供了坚实基础。

十一、基于大数据的人才评价

很多中国人喜欢唐诗。我问你：你知道哪位唐代的诗人最受欢迎吗？这个问题有点儿不容易回答。因为人们的喜好不同。有人喜欢慷慨激昂的诗，有人喜欢温柔细腻的诗；有人喜欢五言，有人喜欢七律；有人喜欢禅意，有人喜欢朦胧。但是，能不能综合起来，把最受欢迎的诗人找到呢？

回答是能够。这就要通过科学的评价方法。

最近有人通过对四个方面的数据搜集，对最受中国人喜欢的唐诗进行了排序，出版了一本《唐诗排行榜》。这四个方面是历代选本入选唐诗的数据、历代点评唐诗的数据、20世纪研究唐诗的论文数据、文学史著作选介唐诗的数据。另外，互联网上的阅读、评论、载录也统计在内。对这些数据按照一定的方法进行加权处理，按照得分多少，自然就可以把最受读者喜爱的唐诗找出来，相应地，最受读者喜爱的诗人也就凸显出来了。

大数据还能够推测出诺贝尔奖得主。世界著名的汤森路透公司曾经准确预测到谁是某个年度的获奖者，准确率高达8/11。

人们不禁要问：他们是怎么预测准确的呢？途径就是凭借大数据。他们说："预测的力量来自引文分析，因为论文之间的引用是基于每个科研人员的学术判断，因而引文数据库就蕴藏了全球科学家的群体判断，并反映出科研活动的延续性和知识的传承。基于大数据的信息分析能够为科技规划和决策提供多方面的支持，包括了解科技革命的趋势、发现机会和风险、制定合理的发展目标指标、根据评估研发投入的产出情况来优化资源的分配等。"

从这里也可看出，大数据在人才发现、预测、预判方面确实可以大显身手。

十二、基于大数据的人力资源管理优化

当我们谈到人力资源管理的时候，首要的就是："那个人今天上班了吗？"如果连一个人今天上班还是没有上班都搞不清，那么，所谓人力资源管理就成了一句空话。

关于上班，首要的又是"点卯"，也就是签到。《西游记》上管签到

叫"点卯"。卯时就是 5—7 点，可见古时候对上班也是有时间要求的。从新中国成立后到今天，先后经历过"签到""点名""刷门卡""刷指纹"几个阶段，现在又出现了连接企业 Wi-Fi 和微信摇一摇等方式，这也叫"移动签到"。除此之外，通过微博、微信社交平台，打开地理地位，加配个人工作照片，正成为当下企业最新的考勤方式。

据我所知，最早想到改变点名考勤方法的是一位美国教授。为了对付学生逃课他想了各种各样的办法。最简单的是"教授点名"，逐个签到，这适合学生较少的情况，如果几百名学生一起上大课，就不灵光了。后来有个教授把一种叫 dicker 的神器引入课堂，学生只要在课堂按一下，系统就会自动记录下其出勤情况。当然，这个神器还可以用来为学生释疑解惑，一举多得。近年来，随着智能手机的发展，APP 在我国校园中开始发挥提高学校综合管理能力的重要作用。有方便起床、饮食、读书、选课的 APP，点名功能自然也在其内。不需要纸笔，不需要刷卡，学生只要带着手机进入教室，系统就会自动记录考勤。应该说，是大数据、云计算使一些很难管理到位的事情轻松做到了。

华东师范大学一名女生曾经收到来自学校"勤助中心"的一条短信。短信问："同学你好，发现你上个月餐饮消费较少。不知是否有经济困难？如有困难，可电话、短信或邮件我。"实际上，那位女生是为了减肥而减少了饭卡支出，没想到，引发了学校饭卡消费数据监测系统的关注。这个监测系统通过饭卡消费数据分析学生的经济状况，推测如果花销显著少于正常状况，校方就会考虑是否应该采取必要的干预措施。这名女生十分感动。她就把这条短信截图发到了微博上，引发了人们的一片赞扬声。人们说："负责的学校，让冰冷的数据有了人性之美！"

大数据不仅能对个别学生关怀备至，还能大面积地导航学生成长。据《中国教育报》报道，上海闵行区依托大数据，致力于教育管理信息化取得明显成效。学生进出校门，刷一下电子学生证，从其到校、离校时间，就能看出学校是否经常延迟下课及放学时间。这个电子学生证，又是学生健康卡、借书卡，还能了解学生参加了哪些体育运动项目与社会实践活动等。

学生的电子档案包括 4 个维度、14 个一级指标、38 个二级指标、53 个三级指标，具体包括身心健康、学业进步、成长体验、个性技能。家长和老师能够通过这个档案实时了解学生成长的点滴进步与潜在问题。

大数据管理人力资源还包括从反面来做事情。例如对进入人才市场人员的筛查。国内有家利用大数据的人才交流机构发现，市场上来来往往的寻职人流中，有万分之一的属于在逃犯。如何防止他们危害社会是一个必须引起重视并应采取相关措施的问题。有的市场已经开始实行人员筛查，成效突出。

这个问题涉及人事系统与公安系统的配合，二者合作双赢。所以，不能搞信息孤岛，信息封锁，老死不相往来。

大数据研究专家周涛在讲解大数据管理的时候，讲了下面这样一个故事。

他们从成都电子科技大学 3 万多名在校生那里，采集到 2 亿多条关于学生的行为数据，这些数据的来源包括学生的选课、进出图书馆和宿舍、在食堂用餐、到超市购物等方面的记录。通过对学生不同 ID 卡"一前一后刷卡"记录，可以发现一个学生在学校有多少亲密的朋友，如恋人、闺密、死党等。他说，通过数据分析，发现了学校里有 800 多个最孤独的人，因为在平均两年半的时间里，他们一个死党都没有。在这些数据的背后，说明这些学生存在一定的社交障碍。其中 17% 可能产生心理疾病。由此，他建议学校应该采取适当措施，对这些学生更加关注，有针对性地帮助他们解决心理问题。

大数据在社会性人力资源管理方面也能够大显身手。《中国青年报》

曾报道，安徽省芜湖市镜湖区法律援助中心的一名律师，长期关注未成年人案件。以往坐在办公室里，等待家长上门求助，因为不知道需要帮助的孩子是谁。一年下来大致办不到 10 起案件。可是现在已经增加到 30 起。这是为什么呢？

原来，作为全国首批智慧城市，芜湖打破了政府部门间的信息壁垒，公安、市容、人社等多个部门信息共享，建立起大数据信息平台。现在信息内容已有 56 个大类、8.3 亿条信息。只要在"信息搜索"栏设置条件，就可以找到辖区内应该重点关注的青少年。过去服刑人员的未成年子女数据很难掌握，如今在保护其隐私的前提下，利用大数据平台能够准确获得相关信息，从而可以"悄悄地"上门服务，进行帮扶，化解矛盾。

大数据还有助于组织机构精简。比尔·盖茨早就指出，信息高速公路开通之后，公司的结构将发生演变。要削平各大公司通常具有的等级差别。只要通信系统足够良好，公司就无须设立那么多管理层。曾经作为上下级指令传输链条上的中间管理人员，现在也不再显得那么重要了。

工业化带来的金字塔式管理层级结构，一方面带来了较高的控制力，另一方面带来了官僚主义。伴随着信息技术的发展，组织里较低层级的员工也可以掌握大量信息，原来纵高式的组织架构就失去了存在的意义，于是扁平化在西方企业将成为潮流。大数据的出现加快了这个过程，像中国小米这样的企业，也出现了扁平化趋势，员工的主动性、创造性进一步得到发挥。

大数据时代的发明层出不穷。全球知名的人力资源管理服务商 Peoplesoft 公司提出"我的个人服务平台"概念，利用信息系统增加员工服务，改进了员工关系，提升了管理质量。通用汽车公司则推出了一个名为"我的苏格拉底"的自助服务网站，使原来 150 名管理储备人员减少至 4 人，等于精简了臃肿的中层工作人员。

第三节　加快大数据行动，关键是要做起来

人力资源管理大数据怎样做起来？国务院 2015 年 9 月 7 日发布的《促进大数据发展行动纲要》指出：要持续人才培养模式，建立健全多层次、多类型大数据人才培养体系。大力培养具有统计分析、计算机技术、经济管理等多学科知识的跨界复合型人才。积极培育大数据技术和应用创新型人才。依托社会化教育资源，开展大数据知识普及和教育培训，提高社会整体认知和应用水平。

麦肯锡全球研究所的一份报告认为，未来 6 年，美国需要 150 万精通数据的经理人员、14 万~19 万数据发现专家。中国需要多少大数据人才？目前尚未统计。

一、领导要重视这项工作

贵阳市在这方面已经走在了全国前列。这件事好像不大好理解。为什么这么讲呢？因为贵阳在我国西部，社会经济发展比较落后。但是，经济社会发展的落后，并不影响在大数据方面领先，我们在这方面与世界发达国家的差距并不大。

贵阳在大数据发展方面，有了 7 个全国第一：中国第一个大数据重点实验室，中国第一个全域公共免费 Wi-Fi 城，中国第一个块数据公共平台，中国第一个政府数据开放示范城市，中国第一个大数据交易所，中国第一个大数据产业集聚区，中国第一个大数据博览会和峰会。

而且，贵阳市大数据发展已经取得不少实际成效：引进大数据项目 150 多个，投资总额达到 1402 亿元，产业规模达到 605 亿元，引进全球

顶级大数据企业 11 家。

目前，已有 20 朵"云"在贵阳落户。它们是食品安全云、电子商务云、社区服务云、智慧农业云、智能交通云、医疗健康云、教育云、环保云、旅游云等。

在中国，贵阳能够做得到，其他地方也做得到，只要足够重视。

二、要提前做好人才准备

大数据人才是当前社会最为短缺的人才。正因为短缺，应该加紧培养。特别是对应用型人才的培养。

大数据人才从能力构成上讲是多元的。神州数码董事局主席郭为认为，关键是三种能力：IT 技术能力、数学统计能力以及业务能力。IT 技术能力包括软件和硬件能力，数学统计能力包括数据挖掘能力，业务能力强才能科学建模。就大数据人才类型而言，有人认为，包括数据规划师、数据工程师、数据架构师、数据分析师、数据应用师、数据科学家等。只有实现大数据人才的多元构成，才能实现应有的功能。

三、要勇于探索，真的做起来

我把大数据的实际应用理解为这么几个步骤：理解大数据（懂得知识），借用大数据（开放共享），做个小数据（小试一把），养个大数据（积水成渊），开发大数据（价值回报）。

既然大数据这么重要，那个人从何做起呢？可以从养数据做起。从个人的工作职责思考，也可以从个人爱好出发思考，到底从哪里养起。养是个爱好，是个过程，是种积累。结果呢？积土成山，风雨兴焉！

假如你从事的是人力资源市场工作，那么，你就可以从今天开始关注并记录有关人力资源市场的一些数据。比如，从业人员 40.7 万人，行业年营业收入 8058 亿元，比 2013 年增长 1113 亿元，增长率达到 16%。这是全国人才中心副主任陈军在全国人力资源服务业发展高级研修班上讲的，很可靠。像这样的数据记录，一年两年看不出什么，时间长了，就能够发现一些规律性的东西。①

所谓"大数据飞轮效应"，是你设想一个平卧在地上有支撑的钢铁巨轮，你想推动它，艰难之极。现在，你开始努力，持续不断地用一个大铁锤敲击它，它开始微微动了起来。这时，不要放弃，继续敲击，飞轮开始转动起来，而且越转越快。这时，你只要轻轻推动它一点点，它就会产生巨大的效果。此之谓飞轮效应。大数据也可以借助这个概念，从一点点数据积累开始，慢慢地形成"大数据"。

任何事情都有简单与复杂之分。大数据也是一样。简单分析比如现状分析（大学生就业）、关于某一项事情的分析（生产成本变化状况）；复杂分析比如年度收益预测分析、五年行业发展趋势分析。现状分析多为描述性的，预测分析多为预判性的。所以后者比前者复杂。万事开头难，有了开头，逐渐尝到甜头，就增加了自信心，也会逐步走向大胆应用。另外，如果刚开始借用第三方数据，之后开发自己的数据，也叫从简单到复杂。

问题的另一面是整个社会要理解数据开放的重要性。大数据要求数据开放，如果各个系统、各个单位都把自己掌握的数据把得紧紧的，不给他人使用，那么大数据就很难搞成。

据国内媒体报道，新华社人事局围绕人力资源大数据管理问题进行了积极探索。他们采用的数据标准是国务院 2009 年 10 月 15 日发布的《全国组织人事管理信息系统信息结构与体系标准》，并以此为基础，涵盖在职人员、退休人员、调转人员、返聘人员、海外雇员、外籍专家等多类人员。

① 刘娜，邱玉琢，吴崇 . 大数据人力资源管理 [M]. 南京：河海大学出版社，2014.

数据内容包括全社各类人员的基本信息、相关业务信息。人均信息近400项，累计信息数量达百万级以上。为了拓宽信息库的内容宽度，他们还采用了面向全体人员的在线学习采集以及在线办理。与此同时，他们还利用信息网络，形成了"以岗为点，以点结线，以线成网"的信息管理与服务平台。目前，新华社人事局的同志们已经开始利用大数据分析人力资源形势，为人事管理决策提供建议，如应届大学毕业生招考趋势分析、派驻国外境外分社人员报考意向分析、人才队伍建设总体情况分析等。新华社人事局的同志说，是大数据点亮了人力资源管理系统的"大智慧"之灯。

四、大数据应用中值得注意的几点事项

当我们重视大数据的时候，首先要注意量力而行，也就是从自身实际出发。比如，自己的公司、单位小，实力有限，那就没有必要投入很多资金干这件事。但是，应该懂得大数据能够干什么，了解其工作原理，做个明白人。等到公司有足够的实力了，再把它做起来。

当我们重视大数据的时候，还要明白任何事物都具有两面性。大数据的副作用是可能侵犯个人隐私。大数据无疑能够搜集每个人的大量数据，这就隐含着个人数据被利用的风险。如何防止个人数据不被利用，就成为一个值得重视的问题。据媒体报道，很多人须臾不能离开手机，如果你下载了某个软件，很可能会有20多项你自己不愿意公开的信息被自动搜集给了软件开发商。如果你戴上了公司发给你的社会徽章，那可能你的一举一动包括一天上了几次厕所都会被记录下来，都能够查询清楚。所以，国外学者呼吁要实行个人数据、信息的立法保护。这是十分必要的。

当我们开始重视大数据的时候，最重要的是牢记"以道驭技"四个字。为什么？因为大数据毕竟是一种工具、一种方法。用这种工具和方法干什

么、怎么干才是最重要的。

我们主张工具理性要与价值理性相结合，也就是要坚持以道驭技、以道驭器。有了正确的发展方向，加上科学有效的方法，我们的人力资源管理就一定能够迎着 21 世纪的曙光，跃上新的层次。

第四章　人力资源大数据及优势

在当今社会中，有成千上万的数据资源、信息资源。在面对上万亿的用户搜索时，我们不得不创造新的技术来存储和分析激增的数据。优秀的企业往往通过数据分析在第一时间找到客户的需求，从而提高产品的销售量。这样的销售机会在行业中被广泛利用，这也表明了大数据正在蓬勃发展。

第一节　大数据思维与决策

一、大数据

（一）大数据的定义

什么是大数据？大数据是规模超过传统规模的数据，是信息的集合。在前期的通用软件工具中，我们没办法捕捉、存储、管理和分析数据。"大"是一个笼统的定义，一般认为大数据的数量级应该是"TB"，即 2 的 40 次方。事实上，随着技术的进步，数据库的规模将继续扩大，而且由于研究领域不同，"大"的定义会有所不同，所以不需要统一。

大数据一般有以下几个特点：数量大、变化快、结构复杂。

大数据的集群意义并不大，但我们一般通过对大数据的收集、保存、维护和共享来实现资源的共享，不仅是区域性的，更是世界性的，我们可以在互联时代互联共通，相互学习，共同发展。

在信息化迅速发展的时代，对于信息的采集、整理和规划，大数据的利用显得格外重要。除此之外，大数据的结构和体系也多种多样，复杂的结构意味着大数据的来源和形式多种多样，所有我们能想象到的物品、资源都是大数据资源的一部分，只有资源越广泛、越细致，在分析数据时才能越准确。

1. 大数据重视事物的关联性

大数据的一个重要特征是数据之间具有关联性，数据的关联性可以帮助我们检索到相应的词条，在数据库中找到与之相关的信息，从而使数据联系起来。数据的关联可以方便人们的生活，一般会涉及对数据的分析，从而进一步发掘数据的关联性。

在一般的科学研究中，我们工作的本质是探索事物之间本质的因果关系。分析因果关系是一件非常复杂和严谨的事情，即使在具备某些有利条件的情况下，我们也不能在短时间内得出具体的因果关系。这时，大数据的优势就体现出来了。根据大数据分析的结果，如果有一种 A 现象，必然会发生 B 现象。在大多数情况下，我们不能直接得出 A 和 B 之间具体的因果关系，而是根据数据中它们之间的相关性来解决问题。当然，大数据技术并不是完全否定因果关系，而是强调先通过相关性来解决问题，因果关系可以在后期慢慢研究。

2. 大数据的价值重在挖掘

对于大数据，我们不仅要收集还要挖掘。在挖掘数据的过程中，也包括了对数据的分析和细化，挖掘就是分析，目的是找到关系、规律，从而在以后的应用过程中做到方便使用，这对管理者有很大的帮助。管理者可以利用大数据技术提高管理水平和管理能力，通过大数据分析来帮助企业更好更快地实现战略目标。

数据挖掘技术主要包括关联分析、聚类分析、分类和预测，只有做到了对数据的挖掘，才是真正利用了大数据的优势，才能让生活和工作更加便捷。

大数据文本挖掘工具，是一种从文本数据中提取有价值信息和知识的计算机处理技术，它包括文本分类、文本聚类、信息提取、实体识别、关键词索引、摘要等。

数据立方体是一种大数据可视化关系挖掘工具，表现方式包括关系图、时间轴、分析图、列表等，为用户提供了全方位的信息表现方式。

3.大数据将颠覆诸多传统

抽样调查是社会科学研究中常用的一种调查方法，也是实验研究的重要手段之一，曾被认为是建立社会文明的坚实基础。事实上，它是在科学技术并不发达的时候采用的最传统的调查方法，费时费力。现在，信息的收集和保存更加方便了，也能从整体上分析数据信息，与抽样调查得出的结论相比，该方法更为准确。

大数据将颠覆各个行业，互联网金融就是一个典型的例子。大数据的资源涉及广、具有实时性。在生产工作中，我们可以实现多个领域的人员、岗位、资源的数字化，最终实现战略目标。

在当代企业中，管理者十分重视这种数字化的资源管理，生产产品和提供服务的企业，通过对这些数据的记录、分析和挖掘，可以从中总结规律和方法，从而达到提高人力资源管理效率和组织产出量的目的。在人才选拔上，企业也可以借助数据化来降低工作量，依据数据化的资源直接筛选需要的人才。

（二）大数据的出现

在当今世界，基本上任何事物都可以用数字来表达，我们把这个时代称为数字化时代，所有的事物在数字化时代中都只是一串代码。我们每天制作的电视电影、录制的歌曲、拍摄的手机照片，甚至是记录在个人电脑上的数据，在数字化时代中，都由不同排列组合的数字串组成，这样的形式更方便我们储存和分析。

1. 每个人都是数据的制造者

在社会中，每一个人的所有活动都会被数据信息记录下来，无论是以何种方式，都在世界中留下了痕迹。随着谷歌和脸谱网（Facebook）的出现，大数据改变了数据的性质。我们通过互联网在日常的生活中留下越来越多的痕迹，将这些痕迹转移到数据库中，就可以通过数据分析得到一些隐秘的规律，现在更是能通过这些数据来协助找到某个人、查到某个人的行踪。

2. 大数据与云计算相辅相成

大数据与云计算相辅相成、相互依存，在日常应用中通常一起出现。大数据相当于海量信息的信息库；云计算相当于计算机和操作系统，只有依托大数据的支持，云计算才能得以存在。大数据与云计算的结合，给世界带来了一场深刻的管理技术革命和社会治理创新。

大数据时代也是互联网、物联网、云计算的时代。可以说，大数据与这三者息息相关。今天，大数据和云计算已经应用到我们的生活中。例如，有人开发了一种利用大数据捕捉人们信息的系统；当输入一个人的名字后，大数据收集的数据会自动生成一首关于这个人的诗。

事实上，简单地说，大数据是用来存储数据、分析数据、处理数据，从而获得有价值的内容。云计算是利用传统的虚拟机细分技术，通过网络整合海量服务器资源，然后分配给用户，从而解决用户存储计算不足的问题。

随着信息社会的发展，数据量不断增加，技术不断进步，大部分经销商通过大数据获得额外的利益。那么，在提取海量数据的过程中，如果提取有利数据的成本超过了数据本身的价值，就意味着有价值的数据等同于无价值的数据。因此，有效降低了数据提取成本的云计算已经成为一项不可或缺的技术。

从技术角度来看，大数据和云计算的关系就像一枚硬币的正反面一样不可分割。大数据不能由一台计算机处理，必须采用分布式架构。其特点是对海量数据进行分布式数据挖掘，但它必须依靠云计算、分布式处理、分布式数据库和云存储、虚拟化技术。

从应用角度来看，大数据是云计算的应用案例之一，云计算是大数据的实现工具之一。

目前，整个 IT 行业对大数据和云计算人才的需求比较大。近年来，相关领域的研究生就业形势相对较好。一方面，岗位级别相对较高。另一方面，薪酬相当可观，而且薪酬呈现逐年上升的趋势。

3．大数据是量变引起质变的结果

大数据的出现是量变引起质变的结果，与人类历史上以往的信息革命有关。每一次信息革命都极大地促进了数据的出现、传播和存储，由大数据引起的信息革命对近代科技发展尤为关键。

大数据的出现也与社交网络的出现有关，人们都说"互联网只有 3 天记忆"，这说明信息时代的信息更迭很快，数据无时无刻不在更新；又有人说"互联网是有记忆的"，这说明所有存在于互联网中的信息，不论多久以后，只要有人需要，都能被搜索到。随着微博和微信的出现，每个人都是一个制造者，信息流不仅方便，而且可以追溯到过去。

如果想了解大数据和人力资源是如何结合的，需要先了解以下两点。

第一，企业 2.0 的出现。企业 2.0 的概念是由美国学者安德鲁·麦卡菲在 2006 年提出的。他认为企业 2.0 指企业内部、企业与合作伙伴之间、企业与客户之间不断成长的社交软件平台的应用。这是企业信息化的一个新阶段，即以企业资源计划（ERP）为核心的信息化已经演变为以 ERP+企业社会平台为核心的信息化。具体表现在以下几个方面。

①建立统一的工作平台。

②建立企业社交网络平台。

③知识管理社会化的实现。

④建立企业云档案。

第二，企业内部的所有行为都可以转化为数据，方便进行统一的管理和数据分析。人力资源管理中存在两种类型的数据，一种属于宏观领域，另一种属于微观领域，记录、分析和挖掘这些数据可以全面提高组织的效率。

4. 需要深刻理解信息时代的三大定律

研究表明，要深入理解大数据，必须从宏观角度理解和把握信息时代的三大定律。

（1）第一定律：摩尔定律

根据该定律，同一面积的集成电路中可容纳的晶体管数量每 18 个月翻一番，同时性能也翻一番。换句话说，全世界的数据存储和处理都更快、更方便、更便宜。

（2）第二定律：吉尔德定律

成功的商业运营总是尽可能地消耗价格最低的资源，以保留价格较高的资源，这句话在现在也同样适用，使用较低的成本来创造相同价值的人就是赢家。

（3）第三定律

麦特卡尔夫定律该定律认为，网络的价值与其用户数的平方成正比。也就是说数据越多，可利用的数据就越多，数据的价值也由此体现。量变引起质变，大数据是大量数据的积累，经过整合、分析产生新的价值。

人类存储信息量的增长速度是世界经济增长速度的 4 倍，而计算机处理能力的增长速度是世界经济增长速度的 9 倍。拥有和控制大数据，就掌握了现代科技的核心。因此，拥有和控制大数据提升到了国家战略的高度。

（三）大数据的价值

大数据的真正有趣之处在于，数据已经变成了在线数据，而这正是互联网的特征。非互联网时代的产品功能必须是其价值，当今互联网产品的数据必须是其价值。

数据可以告诉我们顾客的消费倾向，他们想要什么、喜欢什么，每个人的需求有什么不同，可以把哪些放在一起分类。大数据就是数据数量的增加，让我们可以实现从量变到质变。

一般来说，我们在衡量大数据的价值时，主要关注的是数据的五个维度。大数据的五个维度包括数据的颗粒度、数据的新鲜度、数据的多维度、数据的关联度和数据的规模度。

1. 数据的颗粒度

数据的颗粒数主要是从数据的数量上来衡量的，数据要足够多，才能构成线索链，从而连线成面。

2. 数据的新鲜度

数据要有一定的实时性，这样才能保证数据分析真实可靠。

3. 数据的多维度

在收集数据时，要从多方面下手，让数据更加立体。

4. 数据的关联度

数据之间的关联性会直接影响数据分析的结果。

5. 数据的规模度

数据要覆盖面广、分支细化，才能得出准确的云计算。

大数据的使用涉及收集、总结、保存、管理、分析、展示等多个环节。通过以上环节，数据就能以简单明了的形式呈现在我们面前。数据仓库、数据挖掘、商业智能这些在以前看起来遥远的词语，在今天看来都是生产生活中再熟悉不过的词语，与之相伴的是当代科技的飞速发展，开启了数据分析的新时代。

大数据处理分为以下四个阶段：用多个数据库从客户端接收数据；将数据导入一个集中的大型分布式数据库中，做一些简单的清理和预处理；对资料进行分析和分类；数据挖掘。

（四）大数据在管理领域的作用

在大数据时代，计算模式也发生了变化，从"过程"核心向"数据"核心转变。分布式计算（Hadoop）系统的分布式计算框架已经成为以"数据"为核心的范式。非结构化数据和分析需求将改变 IT 系统的升级方式：从简单的增量升级到架构变更。

为了应对大数据带来的挑战，我们需要新的统计思维和计算方法。

1. 大数据应用技术

大数据在管理中的应用需要以下数据挖掘技术。

（1）数据仓库

数据仓库不同于传统的数据库，传统的数据库数据量少，而数据仓库已达到 TB 级或 PB 级，意味着分析数据更加透彻清楚。

传统的数据库需要大量的管理空间，而数据仓库只需要很小的空间，数据被数字化，在数据的管理上更加节省空间。

传统的数据库索引有限，而数据仓库有多种索引，根据数据的关联性，将线索链一并索引。

传统的数据库的重要索引是并发用户的吞吐量，而数据仓库的重要索引是查询的吞吐量。

对于人力资源管理部门来说,最重要的大数据分析主要涉及以下几种。

①劳动力市场空缺需求与就业的比较分析。

②就业形势分析。

③失业情况分析。

（2）聚类分析

聚类分析是将同类别的个体分为若干类，在相同类别中进行对比，从而做出薪酬调整、培训实施和晋升控制的决策。

样本点之间的距离也可以用来聚类，一般在对员工进行对比时会从多个维度比较，如执行能力、团队精神、道德品行、创新能力等。由于维度相同，聚类结果为层次树，也就是将员工分类，进行统一管理。

（3）决策树

决策树一般指人力资源部门为领导者的下一步决策提供数据支持的整体架构。

在使用数据库进行分析的过程中，主要是对员工的行为做出预测和分析，通过数据选择、数据清洗、数据归纳和数据转换来发现员工的潜力。甚至我们可以利用分析结果推断出员工对公司的满意度，从而推测出员工是否会离职。

根据决策树发现：与老员工相比，年轻员工更容易离职；与女性员工相比，男性员工离职的可能性更大；与高职称员工相比，低职称员工更容易离职；与低学历员工相比，高学历员工更容易离职。在对员工进行详细分析时，可以利用大数据技术从员工个性、价值取向、职业发展规律、行业特征等维度建立数据库和模型，提前消除离职因素，保留关键人才。

2.大数据在管理领域的实际应用

大数据在管理领域有着巨大的潜力，我们可以从以下八个方面进行简要介绍。

（1）抓住工作重点

抓住工作的重点来开展工作，不仅省时省力，还能在最短的时间内得到最佳结果。在实际生产生活中，我们要注意实时收集各方信息，掌握重要信息，通过自动筛选，把握住工作的要点，一举攻破。

（2）预测未来趋势

就像微博的热搜一样，应用端根据客户的搜索量汇总成数据库，来发现热点事件，可以预知一些未来的事件走向和趋势，为一些事情的干预起到提前预警的作用。

大数据的核心是预测，预测可以体现在很多方面。大数据不是为了教机器像人类一样思考，相反，它是将数学算法应用到大量数据中去预测事物的可能性。

互联网、移动互联网和云计算为大数据的实时预测提供了可能，也为企业和用户提供了实时预测信息和相关预测信息，让企业和用户抓住机遇。

（3）得出管理规律

根据大数据的资源，对关键事件发生的频率进行分析，就会得出一定的事件发生概率。合理利用这种数据分析得出的规律，会使我们的生活和工作更加便捷。

（4）洞察调度奥妙

主要用于数据的统计和排列组合，对数据的整体规划十分有效。

（5）了解客户需求

目前，电子商务非常流行，许多制造商需要从电子商务中获得订单，这使电子商务的发展前景十分乐观，电子商务有可能在新时代中成为最具生产力的行业。

（6）考核员工绩效

工作中常用数据收集和统计的方法来计算员工的工作时间，考量员工的绩效，甚至用数据软件来监控员工的工作情况。事实上，这给管理者提供了很大的便利。

（7）洞察客户诚信

随着电子商务的不断发展，贷款也变得简单起来。现在，只需在手机上提供个人的相关信息，大数据就会综合衡量个人信誉，从而计算出可以批复多少贷款额度。

（8）找到正确的人

现在除了利用大数据寻找与信息相匹配的人之外，还可以通过大数据来找到容貌相似的人。大数据匹配的负面影响就是"人肉搜索"，这也让许多人感到害怕，隐私泄露问题也开始受到重视。

二、大数据思维

在大数据时代，每个人都是有联系的，事物是有联系的，实与空是有联系的，一切尽在联系之中。大数据将所有信息以排列和分类的方法整合，最终向人们呈现出清晰明朗的数据。

（一）什么是大数据思维

大数据思维是信息思维的新阶段，我们要适应并学习这种思维方式，它包含以下三个重要特征。

①定量性，可以被测定。

②相关性，相互存在某种联系。

③实验性，可以通过一些方法测验。

大数据思维是一种新的思维方式，不能包含在所有的思维中。

（二）对大数据思维的解读

大数据思维已经从关注宏观范畴转变为更注重微观范畴了。大数据思维是最现代的思维方式，一般来说，这种思维方式是人类大脑活动的内在特征，思维方式直接影响着人们的行为方式。但是人的思维方式和行为方式受环境和时代的影响和制约，是主观形成的，它们一旦形成，又会反作用于环境和时代。

与大数据思维相反的是工业化思维，工业化思维是指工业化阶段产生的与当时的生产方式相适应的思维方式，一般带有一定的形式性，强调规模化、标准化。但是根据中国的国情来具体分析就会发现，对于广大农村，要适应工业化和大数据思维；对于城市，特别是大城市，我们必须适应信息社会的思维，如互联网思维、大数据思维。在讨论大数据思维时，我们不能将其一概而论。

（三）大数据思维的特点

1. 强调"一切皆可量化"

在大数据的管理中，我们将所有信息转化为数据形式，不仅方便管理和保存，而且在检索时也更加便利。

大数据思维强调对事物的量化，在信息社会中，信息越来越多，也就更能体现出大数据思维的优势。我们周围的一切，甚至我们自己都可以用数据来描述，我们自己，也会变成一个"代码"而存在。

2. 强调"数据也是生产要素"

在生产生活中，很多数据是神秘的，是一种生产要素，在进行数据分析后，可以创造新的生产力，应用到企业生产管理系统中，可以进一步提高企业生产和服务效率。如果将其应用到更广泛的社会管理中，可以创造巨大的社会效益和经济效益。

3. 强调数据的完整性

大数据需要分析所有数据，现在人们有能力和方法收集并存储所有的数据，这就方便了分类和归纳数据，从而找到有关联的数据。更重要的是，这样我们可以得到更准确的结论。

基于大数据原理进行统计计算，这样得出的结论才是具有实际意义的数据。

4. 强调数据的复杂性

小数据强调数据的准确性，大数据强调数据的复杂性。客观世界是复杂的，要从复杂中认识事物，这样更有利于了解事物的真相，可以避免因忽视某些信息而导致的认知和决策失误。

此外，部分数据收集者会根据自己的利益来收集和上报数据，导致统计数据不实。然而，今天一般会从多角度来收集信息，形成"三维数据"，判断会更准确，数据的复杂性有利于客观真实性的呈现。

5. 强调事物的相关性

世界上一切事物的基本特征之一就是它们之间存在一定的关系，即相关性。大数据强调的是，在了解事情发生的原因之前，就要开始关注它，利用这种相关性尽快创造价值。

关注关联性而非因果关系，社会需要放弃对因果关系的追求，只关注关联性，也就是说，只需要知道它是什么，而不需要知道为什么。这将颠覆传统，我们最基本的决策和认识现实的方式也将受到挑战。

在这个充满不确定性的时代，当我们去找确切的因果关系然后再去做事情的时候，这件事就不值得长久地去做了。所以，大数据时代的思维有点像回到工业社会的机械思维，机械思维就是当按下那个按钮时，相应的结果就会出现，这就是状态。

6. 强调发现事物的规律性

世界上的一切都有规则，大数据思维注重从多方面收集信息，从多角度分析数据，更容易识别隐藏在事物背后的大概率现象，即规律性。从这个意义上说，大数据思维可以加深人们对事物本质的认识，从而更好地理解和改造世界，这也是辩证唯物主义者所追求的精神境界。

（四）大数据思维创新案例

1. 用"虚拟世界"构建"物质世界"

养老院既有实体的，也有虚拟的。虚拟养老院是一个大数据系统，将空巢老人和孤寡老人的健康生活需求、护理需求等动态数据汇集在一起，这就是需求方；然后将志愿者和其他供应商的信息收集起来，使双方能够匹配，最大限度地利用社会资源。虚拟养老院的服务包括紧急救助、生活服务、老年人社会互动和老年人护理等。在现实生活中，"线上"和"线下"可以结合在一起，实体服务中心的建立可以打破原有社区实体的时间和空间的限制。

2. 数据共享名

在数据时代，数据不仅可以自己使用，也可以与其他组织共享。数据共享在企业中的应用不仅可以从产品上体现，还可以根据社会情况对库存进行及时调整，避免货物积压。如果批发市场能够获得零售商的零售数据，就可以更合理地安排生产和物流。

3. 推进行政管理体制改革

美国空中交通管制机构采用了大数据方法，定期公布过去一年各航空公司和航班的"延误率"和"平均延误时间"。乘客在购买机票时就可以把这些数据作为参考，这被称为通过市场手段和大数据方法促进航空公司提高准点率。在不能准确表明是否会晚点的情况下，根据往期数据做综合分析，可以解决一部分晚点问题。

三、大数据决策

决策就是领导者根据实际情况对事情给出决定性的意见，一般根据具体情况，会有不同级别和战略上的考虑，从而做出多种类型的决策。掌握信息的程度不同，在决策的选择上会有明显的差异，所以这也要求数据具有多样性和大量性。

例如，在贷款审批的机制上，现在一般会采用大数据的方法来进行，因为大数据决策更加省时省力。当贷款申请提交到审批端时，会根据申请人或申请企业的综合信息状况来综合衡定是否放贷。在大数据时代，没有人在做决定，是算法在做决定。算法根据放款机构的要求对信息做筛选，符合要求的就可以放款，整个过程不超过 5 分钟。

大数据决策具有以下特点。

（一）根据数据来决策

在我国古代，普遍缺乏定量概念，在做决定时，人们多会做出情感判断或主观判断，这就导致决策结果过于主观，失去了决策的意义。大数据决策需要从数据出发，而不是从经验或感觉出发。大数据决策注定是一场决策机制的变革。

（二）及时做出决策

在大数据时代，一切都是在线的，监管数据是实时、及时的，决策的前提是了解主观和客观情况。在大数据时代，工作人员可以通过大数据工具及时掌握主客观情况，并及时将数据支持的主客观情况提交给决策者。

包括信息的反馈在内，所有数据都讲究及时性。

（三）用"过程数据"代替"结果数据"

大数据具有非常清晰的记录功能，我们可以从记录中发现一些规律和变化。一般来讲，主要可以通过对比的方法来观察数据的变化，这不仅可以帮助我们更快地分析数据，还可以让我们及时采取有效措施。

（四）注意预测数据

大数据的预测功能通常通过回归分析、时间序列分析、随机树和神经网络技术来实现。预测需要有足够多的信息，需要对关键数据进行收集、跟踪和分析，这样我们就可以提前干预和维护。

（五）充分发挥数据引导作用，提高生产服务水平

实际上，数据时代是一个依靠数据操作的信息时代。我们如果不能进行数据的指导，就不会得到巨大的峰值数据，创造惊人的峰值性能。因此，我们要利用好数据的引导作用，从而引导生产生活的高效进行。

第二节 大数据的竞争优势及其典型应用

信息风暴推动了大数据、分析等新技术的出现，它们不仅促进了科技的多样化，还加速了以数据为核心的企业商业模式的转型，在方便人们生活的同时，也推动了移动、云计算、软件开发等新兴技术的蓬勃发展。

一、大数据的竞争优势

在今天的大数据时代，商业智能已经被重新定义。例如，当传统企业

进入互联网，掌握了大数据技术的应用方式后，会有一种豁然开朗的感觉。大数据思维，其实不是一个全称的判断，而是对我们这个时代的某种纬度的描述。

大数据具有以下竞争优势。

（一）大数据成为"强国密码"

大数据是新一代科技的核心科技，大数据的应用发展和快速推广主要体现在以下几个方面：帮助有关部门和社会服务平台建立健全国家大数据平台，使数据成为国家战略资源和大数据实际应用的基础，帮助各领域挖掘新型人才；各级政府和各类行业利用大数据平台帮助解决实际工作中的问题，使大数据的准确性、可预见性和智能性为各行业在决策方面提供强有力的支持。

大数据在商业、金融、物流、零售等行业的应用已处于领先地位，在未来，我们要将大数据技术应用在医疗、教育、体育等行业，相信在大数据技术全面覆盖的未来，人们的生活将会更美好。

（二）大数据分析让企业掌握竞争力绝对优势

在 21 世纪，企业已经逐渐明确数据的巨大价值，并将其作为一种新的自然资源。大数据与分析成为提升企业竞争力的绝对优势，成为企业转型创新的巨大动力，并斥巨资开启了人工智能研究的新时代。在中国，越来越多的 IT 领军企业以及众多创新型企业开始意识到大数据的"巨大能量"，开始利用大数据帮助企业运营。

（三）大数据分析应用场景

1.营销管理

大数据可以帮助我们吸引、培养和留住客户：为客户提供个性化产品和服务；充分利用企业内外的所有数据，智能预测客户的需求和行为；通过客户使用的渠道实现协同实时交互；通过更好地了解客户，提供合适的服务水平，从而提高客户回购率。

2. 优化运营

利用大数据和分析技术，让企业运营流程和制度发挥应有的作用；规划和管理运营、供应链和基础设施资产的使用，使其发挥最大作用；降低成本，提高效率和生产率。

3. 优化管理财务流程

大数据分析可以帮助我们及时获得各方面的可靠信息，全面了解和控制财务绩效，从而更好地衡量和监控经营成果，以帮助我们做出关于业务战略和人力资本管理的明智决策。

4. 管理风险

大数据分析可以让我们清楚地知道如何规避财务和经营风险；如何适应法律法规的变化，降低不合规风险；如何主动发现、理解和管理财务和经营风险，使我们能够更快地做出风险意识决策。

5. 创建新的商业模式

大数据分析可以帮助我们了解在改变行业或创造新市场的过程中，我们的企业文化是否支持创新思维和探索，从而利用大数据分析获得的新视角来研究战略业务增长。

二、人力资源大数据及其典型应用

如何在战略转型的人力资源管理中体现大数据理念？如何利用大数据提高人力资源价值和组织效率？

"信息社会"的建立，标志着大数据时代的到来，也标志着人们的生活、工作和思维的巨大变化，给企业人力资源管理带来了新的变化，大数据的激增也加快了企业创新和变革的速度。大数据的本质不在于它包含多少信息，而在于对信息数据的专业处理和整合大数据正在改变我们的生活和我们理解世界的方式，成为新发明和新服务的来源，更多的变化即将发生。

在大数据时代，企业经营的特点是以数据为决策依据，以信息系统为平台进行数据集成和数据网络共享。随着人力资源管理理论和管理实践的快速发展，人力资源管理专业水平的提高成为扩大和深化人力资源管理职能的关键。在提高人力资源管理专业水平的过程中，大数据起到了至关重要的作用，使人力资源管理的概念、技术和技能更加科学。

在大数据时代，人力资源管理将依托先进的技术平台，对人才信息进行集中、规范、及时处理和管理，提高人力资源管理的效率，实现高效管理。

（一）什么是人力资源大数据

对于人力资源来讲，大部分企业人力资源领域产生的数据基本上还在GB 这个级别。大部分企业的数据还远远没达到大数据的量级，虽然他们也比较重视数据的采集和管理，但数据库依然存在不够大的情况。这时我们可以利用大数据的思维方法以及技术，去研究与探索人力资源管理，以企业战略目标为导向，从而为企业人才方面的决策提供高含金量的辅助依据与建议。

（二）人力资源大数据的特点

1. 相关性

人力资源大数据的特点之一是具有关联性，这主要体现在三个方面。

①人力资源内部业务数据：基于员工个人产生的各种信息相互关联、相互影响。

②人力资源外部数据：基准数据和行业标杆数据、竞争对手的基准数据相互关联。

③企业运营数据：当企业效益良好时，人力资源的投入也会增加；当企业效益不佳时，可以采取关闭、停运、调动、裁员、提高效率等措施来及时止损。

2.流转性

大部分人力资源数据贯穿人才管理的各个流程，保证了业务的正常运行。人力资源管理流程保证了数据的连续性和一致性，并将过程中产生的数据记录下来，为未来进一步的大数据分析积累数据。数据的积累不仅有利于未来对数据的管理分析，还有助于数据资源的共享，为下游系统提供接口，以满足其他业务系统的需求。

3.分散性

①人力资源本身的数据分散在不同的系统中，这就导致有些系统或是数据互不相关。

②人力资源以外的数据，掌握在各个部门手中，因为部门的私密性，一些数据不方便共享。

③外部行业标杆数据，一般都需要大量的人力物力来收集、整理和总结，而且不便于综合分析。

目前的人力资源数据存在一些问题：数据样本不足，因为许多企业信息系统的建设还不完善，导致数据的收集和积累有限；分析技术上存在局限性，绝大多数人力资源从业者不懂大数据技术，而大数据专家不懂人力资源管理。

（三）人力资源大数据的价值

人力资源大数据的价值主要体现在大数据思维和技术的有效运用上：

利用数据挖掘和建模分析等来预测未来趋势，为人力资源决策提供辅助支持。

企业战略规划包括企业的发展愿景、发展战略和发展过程设计，人力资源战略规划是企业战略规划的核心内容之一。

正如企业战略的变化和发展一样，企业的人力资源规划也要变化和发展。一些企业花了大量的时间和精力来确定适合特殊商业环境和企业战略发展的人才需求规划。例如，通用电气公司一直致力于制定符合不同业务部门要求的管理人才发展规划。一般来说，当环境发生变化时，企业往往期望招聘适合新环境的人员，这实际上是根据公司的战略定位来确定新的人力资源规划要求。

企业不同的经营策略会影响人力资源规划。例如，一个制度化的组织需要更多的传统管理者，即能够保持连续性、稳定性和控制性的人。企业组织越来越灵活，为了适应竞争环境的变化，需要更多灵活的管理者或"变革领导者"。

作为对企业战略概念的解释和延伸，管理领域已经形成了各种提高人力资源与企业经营战略适应性的方法。迈克尔·波特提出的人力资源管理方法与企业战略直接相关。他确定了关键战略选择（成本领先、差异或重点）所需的不同管理特征。人们可以用管理人才发展指标来具体说明这些特点，而获得相应的人才也是公司实行某一战略的基本前提。

具体的企业战略需要不同能力的人力资源。创业、快速成长、业务成熟、转型和行业退出代表了一个组织生命周期的各个阶段，每个阶段都需要不同的管理人才。

第一，大数据时代的思维方式发生了根本性的变化。在过去，我们习惯于做数据采样，但大数据实际上不是采样，而是完整的数据。此外，我们过去在采样时要求个体数据非常准确，而大数据允许不精确，但需要有效性。另一个特点是大数据侧重于从大量数据中寻找相关性，而过去的数据分析提前提出了因果假设，然后收集数据通过分析来验证假设，属于因果关系。

第二，大数据时代思维方式的转变。大数据处理和技术的发展，仍然处于"盲人摸大象"的阶段。随着大数据技术的不断进步，出现了越来越多鲜活、完整的数据来源，所探索的事物将无限接近事实和真相，可以获得更深刻的智慧和洞察力，从而体现大数据的真正价值。

（四）人力资源大数据的典型应用

要抓住大数据的机遇，必须做好以下几个方面的工作。

首先，从技术角度来看，最重要的是开发特定的工具或程序，来管理大量服务器产生的结构化和非结构化数据。数据的来源是多样性的，为了保证数据的多样性，我们可以通过不同手段来获取。

其次，需要选择分析软件来挖掘数据的意义。管理和分析大数据的人才被称为"数据科学家"，聪明的领导者会尽力留住这些人才。

1.百度人力资源大数据共享信息平台

百度的人力资源大数据共享信息平台为许多企业提供了人力资源共享，主要从人才管理、运营管理、组织效能、文化活力、舆情分析等方面为企业提供综合参考，在数据中做了相应的指标体系建设和相应的建模，为管理层的人才决策提供参考与建议。

2.人才雷达把数据挖掘应用到招聘服务

成都数之联科技有限公司将数据挖掘应用于招聘服务领域，利用信息匹配技术，将相匹配的信息进行整合处理，节省了招聘时间。

人才雷达系统成功的关键是，邀请用户绑定自己的社交网络账户，通过大量的数据筛选，搜索引擎可以自动匹配和推荐人才。

其核心技术是人才搜索模型和匹配算法，根据信息的匹配程度来匹配适合的岗位。一般可以通过职业背景、朋友匹配、求职意向、信任关系、个性匹配、职业影响力、职业取向、工作场所、行为模式这九个维度来判断推荐人的适合性。

3.e 成科技的大数据招聘服务平台

e 成科技（上海逸橙信息科技有限公司）是中国领先的一站式大数据招聘服务平台提供商，与其他招聘公司不同，它主要依据机器学习算法、数据挖掘、NLP（自然语言处理）和其他技术来提高简历和职位之间的匹配效率，提供的服务包括简历搜索、个性化推荐等，可以更有效地激活企业闲置的简历资源，形成协作共享效应。它帮助企业有效地提高招聘资源的利用率，为企业人力资源决策提供重要参考。

4.上海联通推出人力资源"管理仪表盘"

上海联通为公司管理层推出了人力资源"管理仪表盘"，主要用于直接为管理层呈现人力资源管理分析报告，以提高效率为前提，以质量控制为目标，以流程再造为核心，以信息系统为载体，一般采用定量分析、定期推送、发送数字语音等方式建立可视化报表中心，提高数据的可视性和可读性。管理仪表盘共有 10 个维度、30 多个主题，以"图形数据解读"的形式，对员工入职、调动、换岗、离职等基础业务的人力资源数字化运营管理转型进行了探索。

5.大数据预测员工心理状态趋势

计算机自主学习的力量在于无止境地自我完善，在分类或趋势预测的背后是庞大的数据演算，不仅是对数据的收集与再分类，其中建模和预测过程包括了复杂的统计过程。而人工智能看似神秘，其实它也是无数数学计算得出的结果。在人才发展方面，人工智能可以帮助我们预测员工心理状态的变化趋势，从而为我们在培养员工的道路上指明方向。

经过研究发现，人工智能可以发现不同管理方法下，员工心理状态的变化趋势，特别是工作动机的变化趋势，具有一定的可预测性，这一过程主要是大量的建模和验证工作的进行。

第三节　人力资源大数据与人才

如今，大数据终于迎来了它的时代。大数据作为一门新兴学科，为科技发展拉开了新的序幕，而人工智能的应用将把智能决策推向一个新的高度，在未来，这项科技技术将覆盖全球。

企业转型的内容主要包括三个转型体系：商业模式转型、组织文化转型和价值导向转型。这三种转型的实施都离不开人员职能定位、意识和行为模式的相应变化。

组织结构调整是企业转型的主要形式之一。在信息高度发达、与客户零距离的理念下，企业正努力使其组织更加扁平化。因此，各级管理者的职责范围更大，观念需要更新，行为需要更快速，更贴近客户。通过这种方式，中层管理者被重新定义为承担更多将战略转化为商业计划的责任的人。

组织重组过程中的流程再造，使工作被重新组织，岗位工作变得更加不稳定，变化和调整更加频繁，需要充分发挥每个员工的人才优势。企业往往强调团队合作和个人绩效，因此竞争与合作的概念要求员工在理解自身与企业、自身与工作、自身与同事之间的关系时对自己有新的定位。所以，企业改革的本质和核心是人员技能、观念、责任和行为模式的调整。

一、人才成掣肘

制约大数据进一步发展的瓶颈很可能是大数据人才短缺，随着时代的发展，社会对大数据人才的需求也越来越大。从大数据工作和技能需求的角度，我们对大数据人才进行了定义和分类。

①数据分析师：熟悉大数据的概念和原理，在理解的基础上具有一定的数学和统计知识，还要熟练操作和使用数据软件和工具。数据分析师主要在大数据及相关领域做前沿工作，不仅要对行业了解，还要对行业进行环境分析。

②数据工程师：数据工程师应具备开发和搭建数据平台和应用的能力，熟悉数据挖掘的流程和原理，为大数据技术在各个领域的应用提供解决方案。

③数据科学家：数据科学家需要熟悉各种大数据技术的原理和优缺点，合理运用各种技术设计大数据平台的架构，根据数据挖掘的使用需求和业务内容设计和开发算法。

二、培养周期长

现在大数据工程师和大数据科学家之间的界限仍然很模糊，但数据分析师已经逐渐分离，主要是因为数据分析师更容易培养。在实际数据应用领域中，不同领域的数据分析师对技能的要求也不完全一样。数据分析师需要掌握的数据知识和技能越来越多，这也说明现在使用的数据应用程序和工具越来越复杂。

如今，任何大数据平台的建设和维护都需要数据工程师和数据科学家。在经济与科技高速发展的时代，每年都有几十个大数据平台被推出和建设，在短时间内对优秀的数据工程师和数据科学家产生了巨大的需求。然而高端人才的供给一般都会受到人才短缺和培养周期长的制约，就当前的教育情况来看，培养一名合格的数据工程师或数据科学家需要 5~10 年的时间。

调查显示，目前大数据人才培养的速度明显低于大数据开发应用的速度，就算是我国的首都北京，也同样面临着大数据人才短缺的危机，大多表现为雇用的人员与岗位不相匹配。

三、先下手为强

在竞争日益激烈的环境中，人力资源是企业的首要资源，人力资源部门的责任将越来越重。人力资源管理系统作为现代信息管理工具，已成为企业发展过程中不可缺少的内容。它可以使企业的各级部门了解员工，合理安排员工岗位，并让员工感受到良好的企业氛围。

首先是招聘管理。招聘往往是人力资源部门最头疼的事情。除了在互联网上不断搜索急需人才外，每天还要面对大量的招聘信息。如何合理、公平、高效地完成这些工作，已成为人力资源部门要解决的首要问题。

可以建立自己的人才库，企业可以在自己的人才库中保存一些优秀的人才信息，以备不时之需。此外，该系统还可以与各大招聘网站共享数据，并及时将网站上的信息传递到企业系统中，从而使人力资源人员能够方便、快捷地进行处理。

除了大量的招聘工作外，工资核算和日常各项审批工作也占用了大量工作时间。人力资源管理系统可以与企业资源系统无缝对接，可以实时统计企业的工时、计件、加班情况，不需要人力资源人员做大量的手工统计和核算工作，从而可以大大提高工作效率，减少人力成本的投入。

现在企业的招聘越来越难做，减少人才流失已成为人力资源管理部门的当务之急。除了合理的薪酬外，让优秀员工感受到企业的关注，也是企业应采取的重要举措。人力资源管理系统可以提醒人力资源人员按照国家法律法规给予员工相关的福利和帮助，从而使公司的管理制度更加完善。

大数据产业在美国崛起后，美国应对"大数据人才短缺"采取的措施我们可以借鉴一下。有关资料显示，大数据人才短缺的问题在短期内只会加剧，不会缓解。应对这种情况的主要方式是增加对高科技人才的储备，在此基础上，要多培养大数据人才来填补缺口。为了能让更多的人了解和从事大数据方面的工作，我们不仅要在薪资待遇上做提升，还要注意对人才资源的合理利用。

根据现在的国情我们可以预见，在未来，国家、地区甚至企业对大数据人才的竞争将会更加激烈，这就要求人力资源管理部门合理利用资源。有关部门应重视建立我国大数据人才平台，对大数据人才问题进行深入研究，加大人才培养和引进力度。

第五章 大数据背景下人力资源规划

第一节 人力资源规划概述

人力资源规划处于整个人力资源管理活动的统筹阶段，为人力资源管理的其他活动制定了目标、原则和方法，其科学性、准确性直接关系着人力资源管理工作的成效。因此，制定好人力资源规划是企业人力资源管理部门的一项非常重要和有意义的工作。

一、人力资源规划概述

（一）人力资源规划的定义

人力资源规划是指组织为了实现战略发展目标，根据组织目前的人力资源状况对组织人力资源的需求和供给状况进行合理的分析和预测，并据此制订出相应的计划和方案，确保组织在适当的时间能够获得适当的人员，实现组织人力资源的最佳配置，从而满足组织与个人的发展需要。具体而言，人力资源规划包括以下四方面的含义。

1. 人力资源规划是对组织目标和组织内外环境可能发生变化的情况进行的分析和预测

市场经济条件下市场环境瞬息万变，组织内部和外部环境也会相应地发生变化，不断变化的环境必然会对人力资源的供给状况产生持续的影响。人力资源规划的制定就是要及时把握环境和战略目标对组织的要求，做出科学的分析和预测，识别和应答组织的需要，使组织的人力资源能够适应环境的变化，适应组织未来各阶段的发展动态，保证组织的人力资源总是处于充足供给的状况，为组织总体目标的实现提供充分的人力资源保障。

2. 人力资源规划的制订以实现组织的战略发展目标为基础

在组织的人力资源管理中，人力资源规划是组织发展战略总规划的核心要件，是组织未来发展的重要基础条件。组织的人力资源规划要根据组织的战略发展目标来制定，在组织对未来的发展方向进行决策时能够提供所需的数据和适当的信息，提高获取人力资源的效率及有效性，降低组织管理成本。

3. 人力资源规划的对象是组织内外的人力资源

人力资源规划的对象包括组织内部的人力资源及组织外部的人力资源。例如，对内部现存的人力资源进行培训、调动、升降职，对外部人力资源进行招聘、录用、培训等。随着组织战略目标的调整及组织外部环境的变化，应当及时制订和调整人力资源管理的方案，并有效实施。

4. 人力资源规划要实现组织目标与个人目标共同发展

人力资源规划是组织发展战略和年度规划的重要组成部分，它为组织未来的发展预先获取优秀的人才，储备人力资源，同时为合格的人才匹配最合适的岗位，为实现其个人价值提供机会，以保证最大限度地发挥人才的潜能，满足人才职业生涯发展的需求，做到"人尽其才""能岗匹配"，吸引并留住优秀的人才资源，最终达到组织目标与个人目标共同实现。

（二）人力资源规划的目标

组织的人力资源规划是能够为组织人事管理工作提供有效指导的一种人事政策，人力资源规划的实质在于通过对组织人力资源的调整和确定，保证组织战略目标的实现。人力资源规划的目标是保证人力资源状况与组织各阶段的发展动态相适应，尽可能有效地配置组织内部的人力资源，使组织在适当的时候得到适当数量、质量和种类的人力资源。

1. 在充分利用现有人力资源的情况下，组织要获取和保持一定数量具备特定技能、知识结构和能力的人员

组织中现有的人力资源在组织中具有不可替代的作用，对这些人员进行规划，使之能够跟上组织不断创新的步伐是人力资源规划的主要工作内容。而具备特定技能、知识结构和能力的人员在组织中更是起到中流砥柱的作用，因此，人力资源规划工作的目标就是要根据组织的需要及时补充与岗位相匹配的人员，为组织进行人才储备。

2. 预测组织中潜在的过剩人员或人力不足

组织拥有的人员过多，并不必然导致经济效益也会越多。相反，人员过多会使组织的管理成本过高，从而减少经营利润。但是如果人员过少，又会由于产品数量不足，满足不了市场的需要，从而导致经营收入降低。

德国人力资源专家马克斯在研究中发现：假设一个人有一份业绩，那么并不是人数越多，业绩就会成倍增加。实践中可能出现的结果是：一个人有一份业绩，两个人的业绩会小于两份业绩，四个人的业绩会小于三份业绩，到八个人时，这个团队的业绩竟然会小于四份。而美国人力资源协会做过的统计结果也表明：在一个三人组成的团队里面，有一个人是创造价值的；有一个人是没有创造价值的，是平庸；还有一个人是创造负价值的。这似乎也印证了中国的那句俗话：一个和尚挑水喝，两个和尚抬水喝，三个和尚没水喝。因此，人力资源规划要对组织中潜在的人员过剩或不足情况进行合理的分析和预测，避免因人员过剩或短缺而造成损失，这样既可以降低组织用人成本，又会有助于组织提高经营效益。

3. 建设一支训练有素、运作灵活的劳动力队伍，增强组织适应未知环境的能力

社会环境是动态的，国内经济的增长、停滞或收缩，政府对市场经济的宏观调控措施的严厉或放松，会影响行业的发展；行业的发展态势是继续保持现状、出现趋缓，还是竞争更加激烈，会对组织的人力资源供给产生重要的影响，这种影响主要来自市场对组织产品需求状况的变化和劳动力市场对组织人力资源供给状况的变化。人力资源规划要求全面考虑相关领域的各种情形及可能出现的各种变化，培育一支训练有素、动作灵活的人员队伍，提早做好准备，应对未来环境的变化，使组织在变化中立于不败之地。

4. 减少组织在关键技术环节对外招聘的依赖性

一般来说，在组织技术核心工作环节对掌握关键技术的员工依赖性比较大，科学技术的发展要求员工不断地更新知识、创新技术。组织的人力资源管理部门应当不断地对他们进行充分的培训，让员工能够掌握最前沿的信息技术，为组织创造最高的工作绩效，而不必完全依赖对外招聘来获得关键的技术人才。

为达到以上目标，人力资源规划需要关注以下焦点：组织需要多少员工；员工应具备怎样的专业技术、知识结构和能力；组织现有的人力资源能否满足已知的需要；是否有必要对原有的员工进一步培训开发；是否需要进行招聘；能否招聘到需要的人员；何时需要新员工；培训或招聘何时开始；企业应该制定怎样的薪酬政策以吸引外部人员和稳定内部员工；当企业人力资源过剩时，有什么好的解决办法；为了减少开支或由于经营状况不佳而必须裁员时，应采取何种应对措施；除了积极性、责任心外，还有哪些可以开发利用的人员因素等。

二、人力资源规划的作用

人力资源规划是人力资源管理各项具体活动的起点和依据，它直接关系着组织人力资源管理和整体工作的成败，更关系着组织战略目标的实现，它是整个组织战略的重要组成部分。

1.人力资源规划是组织适应动态发展需要、提高市场竞争力的重要保证

人力资源规划是组织战略规划的重要组成部分，必须与企业的经营战略保持一致，为企业的整体战略规划服务。由于组织外部环境的不断变化，组织的战略也会进行相应的调整，从而使企业对人力资源的需求发生变化，这种需求的变化必然导致人力资源供需之间的失衡。因此，人力资源规划要求规划主体根据组织的长远发展目标和战略规划的阶段性调整，对人力资源进行动态统筹规划，预测人力资源的供求差异，努力平衡人力资源的需求与供给，及早制定出应对变化的调整措施，增强企业对环境的适应能力，使企业更有市场竞争力，及早实现企业的战略目标。

2.人力资源规划是组织实施管理工作的起点和重要依据

人力资源规划对组织人员的招聘选拔、教育培训、薪酬福利、人员调整及人工成本的控制等工作都做了具体而详细的安排，是组织实施管理工作的起点。同时，人力资源规划还能提供大量的市场动态信息，使管理者能够随时了解和掌握社会环境中人力资源市场的变化状况，有效地帮助组织进行工作分析，及时做出应对措施，为组织实施管理工作提供重要依据。

3.人力资源规划能够帮助组织科学地控制人工成本

工资是组织人工成本中最大的支出部分。组织不断发展壮大，员工职位不断提升，会使工资越来越高，造成组织人工成本不断增加。人力资源规划能够科学地预测员工未来在数量、结构方面的变化，并改善组织的人力资源结构，减少不必要的人力资源成本支出，使之更加合理化，达到帮助组织科学地控制人工成本的目的。

4.人力资源规划有助于调动员工的积极性

员工通过人力资源规划可以了解到组织未来对各个层次人力资源的需求，可以有更多的机会参加培训，提高自身素质和工作胜任能力，从而充分调动自身的工作热情，为自己设计有利于个人发展的道路，能够增加对工作的满意度，在岗位上发挥能动性和创造性，提高工作质量。近年来，苏澳公司常为人员空缺所困扰，特别是经理层次人员的空缺常使得公司陷入被动的局面。苏澳公司最近进行了人力资源规划。公司首先由四名人事部的管理人员负责收集和分析目前公司对生产部、市场与销售部、财务部、人事部四个职能部门的管理人员和专业人员的需求情况，以及劳动力市场的供给情况，并估计在预测年度各职能部门内部可能出现的关键职位空缺数量。

上述结果用来作为公司人力资源规划的基础，同时作为直线管理人员制订行动方案的基础。但是在这四个职能部门里制订和实施行动方案的过程（如决定技术培训方案、实行工作轮换等）是比较复杂的，因为这一过程会涉及不同的部门，需要各部门通力合作。例如，生产部经理为制订将本部门员工的工作轮换到市场与销售部的方案，需要市场与销售部提供合适的职位，人事部就要根据这些需求做好相应的人事服务（如财务结算、资金调拨等）。而职能部门制订和实施行动方案过程的复杂性也给人事部门进行人力资源规划增添了难度，这是因为，有些因素（如职能部门间合作的可能性与程度）是不可预测的，它们将直接影响预测结果的准确性。

苏澳公司的四名人事管理人员克服种种困难，对经理层管理人员的职位空缺做出了较准确的预测，制订了详细的人力资源规划，使得该层次人员空缺减少了 50%，跨地区的人员调动也大大减少。另外，从内部选拔任职者人选的时间也减少了 50%，并且保证了人选的质量，合格人员的漏选率大大降低，使人员配备过程得到了改进。人力资源规划还使得公司的招聘、培训、员工职业生涯规划与发展等各项业务得到了改进，节约了人力成本。

案例启示：合理的人力资源规划的制订和执行能完善企业组织结构，更好地协调各部门之间的关系，降低人工成本。但人力资源规划在制定过程中也会受到诸多因素的干扰和制约，因此要尽量做好各部门之间、部门与管理层之间的沟通和协调。

三、人力资源规划的内容

人力资源规划是一项系统的战略工程，它以企业发展战略为指导，以全面核查现有人力资源、分析企业内外部条件为基础，以预测组织对人员的未来供需为切入点，内容包括晋升规划、补充规划、培训开发规划、人员调配规划、工资规划等，基本涵盖了人力资源的各项管理工作。人力资源规划还通过人事政策的制定对人力资源管理活动产生持续和重要的影响。组织的人力资源规划分为两个层次：一个层次是人力资源的总体规划，另一个层次是人力资源的具体规划。

人力资源的总体规划是指根据组织的总体战略目标制定的，在计划期内人力资源开发与管理的总原则、总方针、总目标、总措施、总预算的安排。组织的具体规划是指人力资源各项具体业务规划，是总体规划的展开和时空具体化，每一项具体计划也都是由目标、任务、政策、步骤和预算等部分构成，从不同方面保证人力资源总体规划的实现。人力资源具体规划包括人员补充规划、人员使用和调整规划、人才接替发展规划、人才教育培训规划、评价激励规划、劳动关系规划、退休解聘规划、员工薪酬规划、员工职业生涯发展规划等。

第二节 人力资源预测

在组织的人力资源规划中，人力资源预测是比较关键的环节，处于人力资源规划的核心地位，是制定各种战略、计划、方案的基础。组织要想保持竞争力，关键要看是否拥有具备竞争力的员工，但是，要想拥有合格的员工队伍，就必须做好人力资源的供求预测工作。

一、人力资源的供求预测

（一）人力资源供求预测的含义、特点

1. 人力资源需求预测的含义

人力资源需求预测是指组织的人力资源管理部门根据组织的战略目标、组织结构、工作任务，综合各种因素的影响，对组织未来某一时期所需的人力资源数量、质量和结构进行估算的活动。

2. 人力资源需求预测的特点

（1）科学性。组织的人力资源需求预测工作是按科学的程序，运用科学的方法及逻辑推理等手段，对人力资源未来的发展趋势做出科学的分析。它能够反映出人力资源的发展规律，因而具有科学性。

（2）近似性。由于人力资源需求预测是对组织未来某一时期所需的人力资源数量、质量和结构进行估算的活动，而事物在发展的过程中总会受到各种因素的影响而不断发生变化，因此，该预测只能对未来的预测做

出尽可能贴近的描述，人力资源需求的预测结果与未来发生的实际结果存在着一定的偏差，只是极为近似。

（3）局限性。在人力资源需求预测的过程中，由于预测对象受到外部各种因素变化的影响，从而具有不确定性或者随机性，就会使得预测的结果带有一定的局限性，不能表达出人力资源需求发展完全、真实的面貌和性质。

（二）人力资源需求预测的方法

人力资源需求预测是否科学、合理，关系到组织的人力资源规划能否成功，在制定时要充分考虑组织内外环境的各种因素，根据现有人力资源的状况及组织的发展目标确定未来所需人员的数量、质量和结构。人力资源需求预测的方法可分为定性预测方法和定量预测方法。定性预测方法是一种主观判断的方法，包括德尔菲法、微观集成法、描述法、工作研究法、现状规划法等。定量预测方法是利用数学手段进行预测的方法，主要包括劳动定额法、回归分析法、计算机模拟预测法、比率分析法等。

1. 定性预测方法

（1）德尔菲法。德尔菲法也叫专家预测法或集体预测法，是指收集有关专家对组织某一方面发展的观点或意见并加以调整分析的方法。德尔菲法一般采取匿名问卷调查的方式，通过综合专家们各自的意见来预测组织未来人力资源需求量。专家可以来自组织内部，如组织的高层管理人员或者各部门具体的管理人员，也可以聘请组织外部的专家。

德尔菲法的特点是：吸收专家参与预测，充分利用专家的经验、学识；采用匿名或背靠背的方式，能使每一位专家独立自主地做出自己的判断；预测过程经过几轮反馈，使专家的意见逐渐趋同。由于这种预测方法是在专家不会受到他人烦扰的情况下提出的意见，并能够综合考虑到社会环境、组织发展战略和人员流动等因素对组织人力资源规划的影响，因此具有很强的操作性，在实践中被广泛地运用到人力资源规划中。但是这种方法也存在不足之处，即其预测结果具有强烈的主观性和模糊性，无法为组织制定准确的人力资源规划政策提供详细可靠的数据信息。

此外，在使用德尔菲法时还应注意以下原则：①挑选有代表性的专家，并且为专家提供充分的信息材料。②所提的问题应当词义表达准确，不会引发歧义，应当是专家能够回答的问题，在问卷设计时不提无关的问题。③在进行统计分析时，应当视专家的权威性不同而区别对待不同的问题，不能一概而论。④在预测前争取对专家进行必要的培训，了解该预测的背景及意义，使专家对预测中涉及的各种概念和指标理解一致，尽量避免专家在预测中出现倾向性选择信息和冒险心理效应。

（2）微观集成法。微观集成法是一种主观的预测方法，是指根据有关管理人员的经验，结合本公司的特点，对公司员工需求加以预测的方法。这种方法主要采用"自下而上"和"自上而下"两种方式。"自下而上"的方式是从组织的最低层开始预测人员需求，由组织内各部门的管理者根据本部门的工作负荷及业务发展，对本部门未来某种人员的需求量做出预测，然后向上级主管提出用人要求和建议。组织的人力资源部门根据各部门的需求进行横向和纵向的汇总，再结合组织的经营战略形成总体预测方案。"自上而下"的预测方式则是由组织的决策者先拟定组织的总体用人目标和计划，然后由各级部门再自行确定所需人员计划。

这两种方式还可以结合起来同时运用，即组织先提出员工需求的指导性建议，再由各部门按照该要求，逐级下达到基层，确定具体用人需求；同时，由人力资源部门汇总后根据组织的战略目标确定总体用人需求，将最后形成的员工需求预测交由组织决策者审批，形成组织的人力资源需求规划方案。此法适用于短期预测和生产情况比较稳定的组织。

（3）工作研究法。工作研究法是通过工作研究计算完成某项工作或某件产品的工时定额和劳动定额，并考虑预测期内的变动因素，以此来进行组织员工需求预测。即根据具体岗位的工作内容和职责范围，确定适岗人员的工作量，再得出总人数。此法易于实施，适用于结构比较简单、职责比较清晰的组织。

（4）现状规划法。现状规划法是最简单的预测方法，是指在假定组织的生产规模和生产技术不变，且人力资源的配备比例和人员数量完全能够适应预测期内人力资源需求的情况下，对组织人员晋升、降职、退休、辞职、重病等情况的预测。根据历史资料的统计和分析比例，预测上述人员的数量，再调动人员或招聘人员弥补岗位空缺。该方法易于操作，适合组织中、短期的人力资源预测，适用于特别稳定、技术规模不变的组织。现状规划法的计算公式为：

人力资源需求量=退休人员数+辞退、辞职、重病人员数

（5）描述法。描述法是组织的人力资源部门对组织未来某一时期的战略目标和因素进行假定性描述、分析、综合，预测出人员需求量。此种方法应做出多种备选方案，以便适应组织内部环境或相关因素的变化。

2. 定量预测方法

（1）劳动定额法。劳动定额法是对劳动者在单位时间内应完成的工作量的规定，该方法能够较准确地预测组织人力资源需求量，其公式为：

$$N = W / q \, (1+/R)$$

N 代表人力资源需求总员，W 代表组织计划期内任务总量，q 代表组织定额标准，R 代表计划期内劳动生产率变动系数。

$$R = R_1 + R_2 - R_3$$

R_1 表示组织技术进步引起的劳动生产率提高系数，R_2 表示经验积累导致的生产率提高系数，R_3 表示由劳动者及其他因素引起的生产率降低

系数。

（2）回归分析法。同归分析法是采用统计方法预测人力资源需求的一种技术方法。该方法主要是以过去的变化趋势为根据来预测未来变化趋势的一种方法，运用这种方法需要大量的历史业务数据，如组织的销售收入、销后、利润、市场占有率等，从这些数据中可以发现组织中与人力资源的需求量关系最大的因素，分析这一因素随着人员的增减而变化的趋势，以历史数据为基础建立回归方程，计算得出组织在未来一定时期内的人员变化趋势与人数需求量。回归分析法有一元线性回归预测法，也有多元回归预测法，最简单的是一元线性回归预测法，适合人力资源规划中以年为单位预测总量变化的情况。

（3）计算机模拟预测法。计算机模拟预测法主要是在计算机中运用各种复杂的数学模式，对组织在未来外部环境及内部环境发生动态变化时，组织人员的数量和配置情况进行模拟测试，从而得出组织未来人员配置的需求量。这种方法是人力资源需求预测方法中最为复杂的一种，相当于在一个虚拟的世界里进行试验，能够综合考虑各种因素对组织人员需求的影响，必将得到广泛的应用。

（4）比率分析法。比率分析法也叫作转化比率分析法，这种方法是以组织中的关键因素（销售额、关键技能员工）和所需人力资源数量的比率为依据，预测出组织人力资源的需求量；或者通过组织中的关键人员数量预测其他人员如秘书、财务人员和人力资源管理人员的需求量。使用比率分析法的目的是将企业的业务转换为人力资源的需求，这是一种适合短期需求预测的方法。以某大学为例，假设在校攻读的研究生数量增加了一个百分点，那么相应地要求教师的数量也要增加一个百分点，而其他职员的数员也应该增加，否则难以保证该大学对研究生培养的质量。这实际上是根据组织过去的人力资源需求数量同某影响因素的比率对未来的人事需求进行预测。但是，运用比率分析法要假定组织的劳动生产率是不变的。如果组织的劳动生产率发生升降变化，那么运用这种方法进行人力资源预测就会缺乏准确性。

（三）人力资源需求预测的程序

人力资源需求预测分为现实人力资源需求预测、未来人力资源需求预测和未来流失人力资源需求预测三部分。

二、人力资源供给预测

（一）人力资源供给预测的含义及内容

1. 人力资源供给预测的含义

人力资源供给预测是人力资源规划中的重要核心内容，是指组织运用一定的方法，对组织未来从内部和外部可能获得的人力资源数量、质量和结构进行预测，以满足组织未来发展时期对人员的需求。

2. 人力资源供给预测的内容

人力资源供给预测的内容分为组织内部供给和组织外部供给两个方面。

组织内部供给是对组织内部人力资源开发和使用状况进行分析掌握后，对未来组织内部所能提供的人力资源状况进行的预测。内部供给预测需要考虑的是组织的内部条件，具体包括：分析组织内部的部门分布、岗位及工种、员工技术水平及知识水平、年龄构成等人力资源状况；了解目前组织内因伤残、死亡、退休等原因造成的员工自然流失情况；分析工作条件（如作息制度、轮班制度等）的改变和出勤率的变动对人力资源供给的影响；估计组织目前的人力资源供给情况，掌握组织员工的供给来源和渠道；预测将来员工因升降、岗位调整或跳槽等原因导致的流动态势。对这些内部变化做出分析，便于有针对性地采取应对和解决措施。

外部供给预测则需要考虑的是组织外部环境的变化，考虑诸多的经济、社会、文化因素对人力资源市场的影响，预测劳动力市场或人才市场对组织员工的供给能力。需要分析国家经济发展的整体状况，掌握国家已出台的相关政策法规、科技的发展情况及人才培养结构的变化，还要分析人口发展趋势、本行业的发展前景，具体分析本地劳动力市场的劳动力结构和模式、组织的聘任条件，了解竞争对手的竞争策略。

（二）人力资源供给预测的方法

在人力资源供给预测的研究中，人力资源内部供给预测是人力资源规划的核心内容，因此，目前国内外有关人力资源供给预测方法的研究主要定位于组织内部人力资源供给预测上，有关预测方法的研究在不断改进和创新。而我国在此方面的研究还停留在直接引入国外成果的阶段，尽管有很多学者在各种人力资源管理著作中提出了许多预测方法，但都大同小异。目前国内外公认的方法主要有德尔菲法、替换单法、马尔柯夫模型、目标规划法。

人力资源供给预测方法也可以分为定性预测法和定量预测法。定性预测法包括德尔菲法和替换单法，定量预测方法包括马尔柯夫模型和目标规划法。

1. 定性预测法

（1）德尔菲法。德尔菲法是一种依靠管理者或专家主观判读的预测方法。在人力资源规划中，此方法既可用于人力资源需求预测方面，也同样适用于人力资源供给预测。这种方法具有方便、可信的优点，并且在资料不完备、用其他方法难以完成的情况下能够成功进行预测。

关于德尔菲法的具体过程，可参见"人力资源需求预测"部分。

（2）替换单法。有的书上也把替换单法叫作替换图法、接续计划法或人员接替法，此方法是根据组织人力资源的现状分布及对员工潜力评估的情况，对组织实现人力资源供给和接替。在组织现有人员分布状况、未来理想人员分布和流失率已知的条件下，由空缺的待补充职位的晋升量和人员补充量即可知人力资源供给量。这种方法主要适合于组织中管理人员的供给预测工作，组织内部的人员调动必然会使管理层职位出现空缺，而往往对管理层空缺职位的补充都是从下一级员工中提拔的。因此，在职位空缺前用替换单法制订出人员接续计划，就起到了未雨绸缪的作用。很多国外大型企业都是采用这种人力资源供给预测方法。替换单法最早应用于人力资源供给预测，后来也应用于需求预测。

应用此方法时首先需要确定接续的职位，接着确定可能接替的人选，并对这些人选进行评估，判断其是否达到提升要求，再根据评估结果，对接替的人选进行必要的培训。

2.定量预测法

（1）马尔柯夫模型。马尔柯夫模型是用来预测具有等时间间距（如一年）的时刻点上各类人员的分布状况。即运用历年数据推算出各个工作岗位汇总人员变动概率，找出过去人力资源变动的规律，从而推测出未来人员变动情况的一种方法，其基本假设是组织中员工流动方向与概率基本不变。马尔柯夫模型实际上是通过建立一种转换概率矩阵，运用统计技术预测未来人力资源变化的一种方法，它在假设组织中员工流动的方向与概率基本保持不变的基础上，收集处理大量具体数据，找出组织内部过去人员流动的规律，从而推测未来组织人力资源的变动趋势。

根据历史数据推算各类人员的转移率，计算出转移概率的转移矩阵——统计作为初始时刻点的各类人员的分布状况——建立马尔柯夫模型，预测未来各类人员的供给状况。

这种方法目前广泛应用于组织的人力资源供给预测上，可以为组织提供精确的数量信息，有利于做出有效决策。

（2）目标规划法。目标规划法是一种容易理解的、具有高度适应性的预测方法。指出员工在预定目标下为最大化其所得是如何进行分配的。目标规划是一种多目标规划技术，其基本思想源于西蒙的目标满意概念，即每一个目标都是一个要达到的标靶或目标值，然后使距离这些目标的偏差最小化。当类似的目标同时存在时，决策者可确定一个应该被采用的有限顺序。

上述四种人力资源供给预测方法各有优劣，使用德尔菲法和替换单法简单易行，但是预测结果具有强烈的主观性和模糊性，准确性较差。马尔柯夫模型和目标规划法能够为组织提供精确的数据，准确性高，但是在运用时，必须调配广泛的资源，以找到公式所需的全部参数，因此实时性较差。但在实际应用中，组织可以根据自身规模的大小、周围环境的条件及规划预测重点的不同，对四个评价方面予以不同的权重，选择最适合自己的一种预测方法，也可将几种预测方法建立一个组合系统进行预测。

（三）人力资源供给预测的程序

人力资源供给预测的程序分为内部供给预测和外部供给预测两方面，具体步骤如下。

①进行人力资源盘点，了解组织人力资源分布现状。根据组织的职务调整策略和历史员工的调整数据，统计需要调整的员工比例。

②向各部门的人事主管了解可能出现的人事变动，包括员工自然流失和人员流动情况。

③将需要调整的人员比例及人事变动情况进行汇总，得出组织内部人

力资源供给总量预测。

④分析影响外部人力资源供给的地域性因素，包括：组织所在地域的人力资源整体现状、供求现状、对人才的吸引程度；组织本身，以及能够为员工提供的薪酬、福利对人才的吸引程度。

⑤分析影响外部人力资源供给的全国性因素，包括全国相关专业的毕业生人数及分配情况，国家的就业法规和政策，该行业全国的人才供需状况、薪酬水平和差异。

⑥通过影响组织外部人力资源供给地域性及全国性因素的分析，预测组织外部人力资源供给总量。

⑦汇总组织内部及外部人力资源供给预测总量，得出组织的人力资源供给预测。

案例：企业管理咨询师的年度人力资源计划

人力成本的预算和控制是所有从事人力资源管理工作者都应该了解和掌控的知识。这里需要提到另一个概念叫人力成本率，计算公式为：人力成本率 = 人力成本 ÷ 销售额。

通常情况下，人力成本率会随着销售额的递增而递减。也就是说，在销售额不断增加的前提下，企业前一阶段的人力成本率一般会大于后一阶段的人力成本率。所以说，如果一个公司的销售额能预算得很准，那么人力成本也会预算得比较准。

如果一个企业的销售额是 6 亿元，正常情况下，该企业的人力成本率应该是 10%。下面我们把该企业明年的销售额分为如下两种可能：

①如果该企业明年的销售额是 7 亿元，那么，在 6 亿元和 7 亿元之间的 1 亿元的人力成本率是大于 10% 还是小于 10% 呢？正常情况下，在这 1 亿元中人力成本率应该是小于 10% 的，假设为 9%。

②如果该企业明年的销售额是 8 亿元，假设 6 亿元到 8 亿元之间的 2

亿元中有 1 亿元的人力成本为 9%，另 1 亿元的人力成本是 8%。

在这种情况下，预算整体的人力成本公式为：Σ（月销售额 × 人力成本率）= 全年人力成本。

人力资源部往往从本年度 11 月份开始就要搜集各种信息，筛选出变量因素，进行下一年度的人力资源策划的准备。这个时候如果人力资源部想知道本年度 12 月份的人力成本总和，可以采用下面的计算方法：某月的销售额 × 人力成本率 = 当月的工资总和。

经常会有企业的领导人这样问道："年终奖到底该怎样计算？"这里，我们介绍一种比较简单、实用的方法：如果企业年度的人力成本率为10%，那么就可以按 8% 来计算年度人力成本，剩余的 2% 留作年终奖。

我们知道，员工工资属于人力成本的组成部分。它又包括两个部分，固定部分叫作岗位工资，变动部分叫作绩效工资。如何计算岗位工资和绩效工资呢？

举例来说，假设某企业今年 1 月份的销售额为 4000 万元，人力成本率为 10%，留下为年终奖准备的 2%，$4000 \times 8\% = 320$（万元），320 万元就是该企业 1 月份的人力成本。假设该公司共有员工 400 人，400 人的岗位工资之和为 250 万元，那么，变动部分的 70 万元就是绩效工资。如果该企业 2 月份增加了 20 人，销售额还是 4000 万元，假设 420 人的岗位工资之和是 260 万元，那么绩效工资就是 60 万元。

岗位工资和绩效工资统称为基准工资，基准工资有一个规律，通常情况下，岗位工资和绩效工资的比例是 5：5、6：4、7：3、8：2 等。当企业发现比例发生倾斜，比如由原来的 5：5 变成了 6：4 的时候，这就证明员工固定工资的部分在增加。如果这时企业的效益并没有增加，为了健全双赢的机制，一般的做法是可以适当减少人员的数量，按减少后的人员数量发岗位工资，而绩效工资还按原来的人数所得发给现有的人数所得。

例如，以前需要 10 个人共同完成一项工作，平均每人的工资是 2000 元，其中岗位工资 1200 元 / 人，绩效工资 800 元 / 人，那么绩效工资的总额就是 8000 元。效率提高后，只需 9 个人就可以完成这项工作。这时，为了达到企业和员工的双赢，工资可以这样分配：岗位工资不变，还是 1200 元 / 人，绩效工资 =8000÷9≈889 元 / 人。这样，企业既减少了人工成本的开支，员工的工资总额也得到了提高，真正实现了双赢。

第三节　人力资源规划的制定

竞争日益激烈的今天，人力资源逐渐成为组织最富竞争力的核心要素，人力资源部门在组织中日益彰显出其地位的重要性。其原因在于人力资源规划工作与组织战略发展目标的实现是联系在一起的，为组织发展目标的实现提供人力资源方面的保障。因此，组织越来越重视人力资源规划的制定工作，在组织发展过程中的各个阶段制定相应的人力资源规划，以实现该阶段的战略目标。

一、人力资源规划制定的原则

（一）全面性原则

人力资源规划要全面地考虑公司各个部门人力资源情况及人力资源的发展、培训及需求等情况。

（二）客观公正性原则

制定人力资源规划时，要对各个部门的实际情况和人力资源情况进行客观、公正的评价和考虑。

（三）协作性原则

制定人力资源规划需要各个部门密切配合，人力资源部要协调好与各部门的关系和工作。

（四）发展性原则

组织在制定人力资源规划时要考虑组织的长远发展方向，以组织获得可持续发展的生命力为目标，协调好各种关系，为组织培养、再造所需人才。

（五）动态性原则

组织的人力资源规划并非一成不变的。当组织的内外部环境发生变化时，组织的战略目标也会随之进行调整，这时人力资源规划也要相应地进行修改和完善，保持与组织整体发展状况的动态相适应。

二、资源规划制定的程序

（一）组织内外部环境信息收集分析阶段

组织内外部信息收集分析阶段的主要任务是调查、收集能够涉及组织战略决策和经营环境的各种必要的信息，为下一步制定人力资源规划提供可靠的依据和支持。组织的内部环境包括企业结构、文化、员工储备等内容，组织的外部环境包括宏观环境、行业环境等。这一阶段要结合组织的战略目标对组织的内部环境进行分析，掌握产品结构、消费者结构、产品的市场占有率等组织自身因素，以及劳动力市场的结构、择业心理、相关政策等相关社会因素。

（二）组织人力资源存量及预测分析阶段

首先，人力资源管理部门要采用科学的分析方法对组织现有的人力资源进行盘点，对组织中的各类人力资源数量、质量、结构、人力潜力及利用情况、流动比率进行统计，分析当前内部人力资源的利用情况，收集组织现有的职位信息。其次，结合组织内部环境状况，如组织内部的生产设施状况、技术水平、产品结构及产品的销售额和利润等各项经营活动，对组织未来的职位信息做出人力资源需求预测，根据职位的要求详细规定任职所必需的技能、职责及评价绩效的标准。另外，职位信息还需要包括该职位的职业生涯道路在整个组织中所处的位置及该职位在组织中所能持续的时间，也就是组织需要该职位的时间。最后制定人力资源供给分析预测，包括内部人力资源供给预测，即根据现有人力资源及可能的变动情况确定未来组织能供给的人员数量及质量，以及受地区性和全国性因素的影响，外部人力资源可能供给人员情况的预测。这一阶段的工作是整个人力资源规划能否成功的关键，为组织人力资源规划的制订提供了依据和保障。

（三）人力资源总体规划的制订与分析阶段

对人力资源进行了需求预测和供给预测之后，就可以制订人力资源总体规划了。

在前两个阶段的基础上，结合人力资源需求预测和供给预测的数据，对组织人力资源数量、质量和结构进行比较，便可以确定组织未来人力资源的剩余或缺口，然后再采取相应的措施进行调整，这就是组织的人力资源总体规划。人力资源的总体规划主要包括组织的人力资源规划目标、与人力资源有关的各项政策和策略、组织内外部人力资源需求与供给的预测及组织在规划期内人力资源的净需求等几个部分。

对人力资源供需进行比较后，如果出现了供不应求的情况，就应当采取有效的措施和方法，弥补人力资源的不足。例如，制订调动员工积极性的方案挖掘员工的潜能，对员工采取加班、培训、晋升、工作再设计和招聘新员工等措施。如果出现了供大于求的情况，也要采取有力的措施避免加重组织的负担。比如，可采取以下措施：扩大组织的业务员；对多余的员工进行再就业培训，帮助他们走向新的工作岗位；对员工进行培训，提高其素质、技能和知识水平；不再续签工作合同，让部分老员工提前退休及辞退；鼓励员工辞职等。如果出现的是人力资源供求相等的情况，则不需要采取重大的人力资源调整措施。

（四）人力资源具体规划的制订阶段

这个阶段的工作任务是根据上一阶段所确定的人力资源净需求的情况，制订一系列有针对性的、具体的人力资源规划方案，包括人员招聘计划、人员流动调配计划、管理体制调整计划、员工素质提高计划、薪酬调整计划、员工退休解聘计划等，通过制订这些计划或方案并有效实施，可以保证组织未来的人力资源状况能够符合组织的战略发展需要。

（五）人力资源规划的控制与调整阶段

由于组织所处的环境是一个动态的环境，组织会随之不断修正战略目标，那么人力资源规划在实施过程中也就必须相应地进行变更或修订，各项具体的人力资源规划政策制订出来后要付诸实施，必须组织内部的各个部门通力合作才能实现。在实施过程中，要建立科学的评价和控制体系，客观、公正地对人力资源规划进行评估，广泛征求各个部门领导者的意见，根据评估结果及时反馈信息，对人力资源战略和规划做出适当的调整，不断完善整个组织的人力资源规划体系以适应环境的变化。

三、建立人力资源管理信息系统

人力资源规划制定完毕后，在实施人力资源规划的时候，就需要建立一个完善的人力资源管理系统，有效的人力资源信息管理系统有利于组织更好地执行人力资源规划。

（一）人力资源管理信息系统的概念

人力资源管理信息系统是指组织利用计算机和其他先进技术，融合科学的管理方法，对人力资源工作方面的信息进行处理，辅助人力资源管理人员完成信息管理、完善工作职能的应用系统，包括收集、保存、分析和报告，一个有效的人力资源管理信息系统应当能够提供及时、准确、完善的信息，这对于做出人力资源决策是非常关键的。

（二）人力资源管理信息系统的作用

人力资源管理信息系统为组织提供了一个收集、存储和处理信息的平台，可以保证组织及时、有效地实现人力资源管理决策及组织的整体战略目标，其作用具体表现在以下两个方面。

1. 为组织建立人力资源数据中心

人力资源管理信息系统可以为组织建立系统的人事档案，由计算机程序来处理人事数据的保存、分析和计算工作，可以对组织的现有人力资源状况进行分析，还可以对未来人力资源的需求状况进行预测，能够及时、准确地掌握组织内部员工数量、结构、人工成本、培训支出等相关信息，确保员工数据信息的真实完整性，可以在人事档案中对人力资源管理的某些概念进行说明，如晋升人选的确定、工作调动、教育培训、工作奖励计划、现有组织结构分析等，还可以及时地在网络上了解市场上人力资源的最新动向，对外发布组织所需人才及职位需求等信息，提高招聘效率，能够节省组织的人力、财力，有利于改善组织人力资源管理的效率，使组织的人力资源开发、管理更加科学有效。

2.提高组织人力资源管理的水平，为组织高层管理者做出决策提供帮助

人力资源信息系统的建设必然会要求组织制定适合于本组织雇员绩效考核、薪酬和福利管理等工作的一系列指标，使组织的人力资源计划和控制管理定量化。该系统所提供的数据能够为组织的管理者进行管理决策时提供准确、可信的数据，使组织的人力资源管理工作更加科学化、规范化。

总之，建立人力资源管理信息系统是人力资源管理中的一项基础工作，它能提供详尽的人力资源信息和资料，提供备选方案，并对方案进行优化和判断，可以提高决策者的决策能力，使组织的决策和管理更加科学化。

（三）人力资源管理信息系统的建立

建立人力资源管理信息系统具体包括以下几个步骤：①建立组织的人力资源管理信息平台，通过计算机和网络技术构建组织的人力资源信息数据库，配备所需的各种硬件设备和软件设备。②建立人力资源收集、保存、分析、报告等各个子系统，确定每个子系统的具体方法。③将收集来的各种信息输入人力资源数据库，并进行分类。④运用人力资源管理信息系统和数据库进行各项人力资源规划工作，对组织的人力资源状况进行准确判断和预测。

人力资源规划作为一种战略规划，着眼于在组织发展的各个阶段，分析组织在内外部环境变化的条件下对人力资源的需求，并运用科学的方法对人力资源需求和供给进行预测，有针对性地制定出与组织发展相适应的人力资源政策和措施,为组织未来的生产经营活动预先准备人力,从而使组织的人力资源供给和需求达到最佳平衡状态。人力资源规划与组织的长期发展战略是密切联系的,人力资源规划是组织整体目标规划的重要组成部分。

第四节 人力资源规划的常见缺陷与问题

随着以知识和信息的生产、传播、使用和消费为基础的知识经济时代的到来,传统的经济结构和生产方式都发生了根本的变化,这就决定了社会的劳动结构将发生根本性变化。创造性的智力劳动,将成为人类社会劳动的主题和领衔力量。知识对于竞争和发展越来越具有决定性意义,而知识是由人来掌握的,人是知识的载体。由此可见,无论是国家经济增长和社会进步,还是企业发展,人才都是最宝贵、最重要的资源。因此,以人为本,加强人力资源管理已成为人们普遍关注的问题。而且随着市场经济的不断深入发展,在经济竞争、科技竞争、人才竞争的今天,人力资源的规划管理已经成为当今各行各业面临的重要课题。

人才是事业兴旺之本,组织要兴旺,要发展,关键在于拥有一大批掌握现代化科学技术和现代化管理思想的合格人才。因此,加强组织人力资源的储备管理,关键是搞好人才的引进、培养、开发和使用的管理,特别是人力资源规划。

下面以企业中人才资源管理为例做具体介绍。主要是为了提高规划编制水平。

一、没有认清企业人才储备现状和流失危机

目前，通过调查表明，在企业高层管理者中，90% 的管理者认为自己的企业缺乏人才储备。同时，客观现实表明中国企业正面临人才流失这样一个巨大的危机。根据北京大学、光辉国际一项对国内著名企业的联合调查显示，88% 的受访企业管理人才表示在未来两年内"很有可能"或"可能"离开现在任职的企业，仅仅 12% 的管理人才明确表示不会离开，不同职位的管理人才离开企业的比例稍有不同，公司部门级别或者地区级别主管中有 66% 的人表示去意，而副总裁或副总经理级别的主管中也占到了 59.5%。调查者认为，88% 的比例显示目前不少国内企业隐含着一个人才流失的巨大危机，而且是从高层到中层主管普遍流失的危机。究竟是什么导致企业管理人才流失危机？

问题的关键在于企业内部环境建设缺漏问题严重，企业文化氛围同管理人才思想价值观念不合拍，迫使人才忍无可忍，产生另谋高就的离职倾向。具体来说，眼下企业人才管理存在的主要内部缺漏是以下方面：高层管理者素质不高；没有见识合理的企业文化；有进入机制，却没有退出机制；激励机制不健全，不能充分激发人才的内在热情；不能为个人提供长远职业前景；缺乏有效的评估体系；缺少人才职业发展的长远计划和人才储备战略，而这些方面的不足，又是造成人才流失最重要的因素。

与国内企业人才储备的缺失相比，国外一些大公司则对人才储备给予了高度重视，并紧锣密鼓地筹划着未来的人才大战。许多大公司都把挖掘人才的工作提前到大学毕业生择业之前，甚至更早。这些公司大多建有自己的人才储备库，对新人才的成绩、能力和行为进行综合分析，以备将来使用。人才库操作为公司一些关键性岗位提供了人才储备，特别是为领导

职位制订了接班计划，为企业的发展提供了保证。以数据为基础管理人才库，借用高新技术对人才进行预测评估，是人力资源管理上的一次革命性的飞跃。

世界级大企业人才储备策略大致有以下特点。

（一）吸纳公司需要的各类人才

知名公司的人才库吸纳了成千上万各类人才，且来自世界各国。阿尔卡特公司的人才库掌握着 4000 人，其中包括领导人、潜在的接班人。在当事人同意的情况下，还可掌握其他方面的材料，如履历、职位、个人发展计划以及业绩总结。

（二）对每个人进行评估分析

一般而言，人才库的资料不是简单的综合储存，而是要对每个人进行评估分析，对管理人员更要进行虚拟环境下，能否承受压力和如何应答各类问题的测试。据称，这是一项复杂的科学分析，离不开心理专家的参与。

（三）制订关键职位接班人计划

最先进的公司人才库甚至会早早地为一些关键性职位制订接班计划，以免在最后一刻才采取行动，造成不必要的损失。如法国液气公司，每隔一年半就要对其战略职位进行综合考察，并会排列出 6 人作为接班人。而 DRH 公司的做法则是刚刚任命了一个人，就要考虑接替他的人选。埃索公司，在 2 万名职工中确定了大约 200 个关键职位，一一做了安排。实践证明，这种提前准备的做法是很有道理的，因为根据人员流动原则，领导干部每 4~5 年就要更换岗位。

（四）摆脱对猎头公司的依赖

过去流行的办法是求助于一些猎头公司、招聘事务所选人。但由于这个过程通常会持续几个月，花费很多，还要将被招聘者年工资的 30% 交给事务所，而且最终选择的人很难在今后的岗位上证明其能力。现在越来越多的大公司宁愿在自家的人才库里寻找适当的候选人。

（五）选拔高素质的管理人才

人才库标准的人才特别是管理人才，需要业务好、能力强、有丰富的经验。今天，企业的价值取决于它的人才，我们的优势在于很早就明白了这一点。随着新兴企业的建立，必须有一个好的领导集体。在全球化经济中，领导干部的素质是至关重要的。

（六）发现和培养公司内部人才

总的来说，许多公司，60%~90% 的领导岗位都是通过内部晋升的人员担任的。虽然各大公司都已经放弃了终身职业的想法，但他们依然相信长期用人的好处。许多公司认为，企业干部经过培训和工作锻炼，随着在企业中不断积累经验，他们也越来越有能力。尽管各企业更偏爱内部提拔，但他们也会到市场上寻找人才，堵塞岗位漏洞，但更主要的是寻找专家——他们了解技术和组织机构的快速变化，他们能不断更新知识来占领新市场或投身电子贸易领域。随着发展、合并和收购的出现，不少企业还重新调整了自己的组织机构，以便使自己的新领导人能够适应新的挑战。此外，人才库对不合格人才的淘汰也是毫不留情的，不少人将在竞争中败下阵来。由此可见，人才储备是必要的。

企业加强人才储备有什么重要意义呢？

1. 人才储备是企业人力资源管理与企业发展的基础

首先，人才通常是指那些具有专门知识、技能和聪明才智并善于运用自身的能力条件在社会实践中进行创造性劳动，为改造自然和社会做出贡献，有益于社会、国家和人民的人。衡量人才有两个尺度：激情和能力。激情与热情不同，激情比热情更富有内涵，有些人外表很平静，但内心确实充满激情。激情是建立在开放授权的基础上，体现的是自主、乐业、爱心、责任和创新。能力在这里主要是指包括专业技术能力、自我管理和管理他人的能力、公关能力。因此，不难看出人才的重要社会地位和社会价值，尤其在知识经济时代，人才是企业发展的源泉，也是企业创新的主体。试想没有一定的人才储备，企业何从谈起人力资源管理呢？所以，没有人才储备的企业人力资源管理只能"巧妇难为无米之炊"，是一句空话。其次，人才是企业重要的有形资产，同时又是实现企业有形资产与无形资产相互转化最重要的因素。因此，加强人才的管理和储备是企业发展的当务之急。

2. 企业的人才储备是构成企业核心竞争力的坚实基础

企业竞争力是指企业为了实现其总体目标，获取配置可利用资源，采取各种有效策略，成功进行经营活动，形成并能保持竞争优势的能力体系。其中，核心竞争力是企业维持和增强持续竞争优势的关键，是企业竞争力的核心。它包括两方面：一是企业获取各种资源或技术并将其集成、转化为企业技能或产品的能力。二是企业组织、调动、协调各生产要素进行生产，是企业各个环节处于协调统一高效运转的能力。企业的核心竞争力蕴含于其系统运行的过程中。具体表现为三方面：应变能力、创新能力、整合能力。而这三方面的能力的体现都是以人才为载体来实现的。人才资源是指体现于人自身的生产知识、技能及健康的存量，是人作为经济主体创造财富和收入的生产能力。就对经济增长的贡献而言，人力资本正在迅速超过物质资本和自然资源，成为各国经济可持续发展的主动力。由此可见，人才是一家企业最重要的资产，是建设企业核心竞争力的有效载体。

3. 加强人才储备可以防止企业人才流失所带来的风险

由于企业文化、待遇和环境存在着明显差异，因此人才流动是客观存在，且具有必然性。一方面，人才流动可以使高新技术企业获得急需的人才为企业发展注入活力。另一方面，由于人才流动导致的人才流失，也可能对企业造成诸多不利影响。人才流失不仅使企业承担重置成本，而且将导致企业无形资产严重流失，出现人才真空的不利局面。如果企业能实现一定的人才储备，那就能够削弱这种被动局面所带来的负面影响，缓解压力。由此可见，企业必须加强人才储备的管理，注重人才储备，防止人才流失所带来的风险。

要想很好地利用人力资源，对人力资源进行有效规划，就必须了解组织机构设置的原则是什么，而这正是我国企业的短板。

二、没有明了组织机构设置的原则

（一）任务目标原则

任何组织都是为了实现一定的目标而设置的，没有任务和目标的组织就没有存在的价值。每个组织及其每个部分都应当与其特定的任务和目标相关联。组织的调整、增加、合并或取消都应以对实现目标是否有利为衡量标准。

根据这一原则，在组织设计之前，首先要对企业的目标和发展战略做深入研究，明确企业发展方向和战略部署，这是组织设计最重要的前提。一旦战略目标有所改变，组织机构也必须做出相应的调整。

（二）分工协作原则

组织设计中要坚持分工与协作的原则，做到分工合理、协作明确。对于每个部门和每个员工的工作内容、工作范围、相互关系、协作方法等，都应该做出明确规定。

根据这一原则，首先要搞好分工，使分工粗细适当。分工越细，专业化程度越高，责任越明确，效率也会越高。但是在这个过程中，也容易出现机构增多、过分强调局部利益、协调工作量增加等问题。分工太粗又可能影响专业化水平，容易产生责任推诿现象。具体操作时，应密切联系企业的自身情况，同时强化协作，在组织中树立整体意识，突破团体主义的圈子，在必要时应当主动打破分工界限，实行必要补位管理。

（三）统一领导、权力制衡原则

统一领导是指无论对哪一项工作来讲，一个下属人员只应接受一个上级主管的领导。权力制衡是指权力运用必须受到监督与制约。在贯彻统一领导原则中，要做到确定管理层次时，在最高层与最基层之间形成一条连续的等级链；任何一级组织只能有一个人负责；正职领导副职；下级组织只接受一个上级组织的命令和指挥；下级只能向直接上级请示工作，不能越级请示工作；上级也不能越级指挥下级，应维护下级组织的领导权威；职能管理部门一般只能作为同级直线指挥系统的参谋，但无权对下属直线领导者下达命令和指挥。

权力制衡原则要求首先必须在企业高层组织中形成权力制衡机制，设立专门的监督机构。如公司中的股东大会、监事会，国有企业中的员工代表大会，纪检、监察部门等，对行政领导进行监督。另外，企业中的监督机构，如质量监督、财务监督和安全监督等部门，应同生产执行部门分开设置，并在监督的同时，搞好对被监督部门的服务工作。

（四）权责对应原则

为了实现组织目标，各项工作必须明确责任。要承担责任，就必须有相应的权力。无论是权大责小还是责大权小，都会影响组织目标的顺利完成。有责无权或责大权小，会导致负不了责任；而权大责小，甚至有权无责，则会造成权力滥用。权责不明确容易产生官僚主义、无政府状态，组织系统中易出现摩擦和不必要的争执、推诿等。权责不对应对组织的效能是非常有害的。

（五）精简及有效跨度原则

精简是指组织机构、人员和管理层次在保证功能有效的前提下，尽量减少办事程序及规章制度，力求简单明了，努力使每个成员都能满负荷高质量地工作，最大限度地提高整体效率。

机构精简涉及管理跨度和管理层次问题。管理跨度也称管理幅度，是指一个管理者直接指挥的下属人员数。管理层次是指从企业最高行政领导到最基层员工之间分级管理的层次，它与管理跨度成反比，即管理跨度越大，层次越少。管理跨度与领导者能力和被领导者素质成正比，而与部门业务的复杂性和所需协调的工作量成反比。因此，要想提高有效管理跨度就需要调整好上述几个要素的关系。通常情况认为适中的管理跨度应控制在 10 人左右。

（六）稳定性与适应性相结合的原则

一个组织的管理机构是保证组织正常运行的基础，应保持相对稳定性，避免情况稍有变化就使系统出现混乱而影响正常工作秩序。同时，管理机构又是企业实现经营目标的工具，应随着客观条件的不断变化做必要调整。企业领导的责任就是把稳定性和适应性恰当结合起来。企业领导必须懂得，一个一成不变的组织是一个僵化的组织；而一个经常变化的组织，则是一个难以创造或保持最佳业绩的组织。

三、人力资源规划为什么会出问题

人力资源规划关系到组织战略的实施，又支持着组织目标的实现，同时对人力资源管理起着至关重要的作用。因此，制订一个完善的人力资源规划对每一个组织人力资源部来说，就成为头等议题。然而很多中小企业在这个流程的操作中，常存在如下问题。

（一）对人力资源规划的重要性认识不足

人力资源规划是企业战略管理的重要组成部分。企业的整体发展战略决定了人力资源规划的内容，而这些内容又为建立人力资源管理体系，制订具体的人员补充计划、人员使用计划、人员接替与晋升计划、教育培训计划、薪酬与激励计划、劳动关系计划等提供了方向。许多中小企业往往难以从战略的高度来思考人力资源管理工作。甚至有的小型企业老板简单地认为，人力资源管理无非是"缺人时招人""岗前培训""发工资前必须考核"三部曲，怎么也与企业发展战略"挂不上"，因此不能从企业战略规划—人力资源规划—人力资源管理的流程上实施人力资源规划与管理。

（二）企业战略不清晰、目标不明确

人力资源规划是企业战略规划的重要组成部分，同时也是企业各项管理工作的基础和依据。但许多中小企业没有清晰的企业发展战略和明确的战略目标，使人力资源规划没有方向感，不知道企业未来究竟需要什么样的核心能力和核心人才。企业在快速扩张阶段，往往涉足于不同的业务领域，其中不乏许多新兴产业。而这些新兴产业在研发、生产、营销、管理、服务等各个环节没有成熟的经验可以借鉴，如一些新开拓的项目，定岗定编工作也不像传统业务那么成熟，在人力资源管理方面大多是走一步看一步。由于企业战略不清晰，目标不明确，导致人力资源规划缺乏方向性和目的性。

（三）规划不能随着外部环境的变化而及时调整

信息社会唯一不变的就是变。市场发展变化快，企业对市场变化反应比较快，企业战略在调整，但人力资源规划往往不能得到及时调整。直接的影响最明显的就是先前制定出的人力资源规划失去可操作性和可执行性，造成企业所需的人才不能得到及时供应等人力资源功效的缺失。

（四）规划制定过程中缺乏沟通与协调

人力资源规划是一个复杂缜密而又必须具备调研性的制作过程，它需要规划人员从整个企业战略出发，经多方面沟通与协作，调研出各部门的人力资源所需状况，进而制定出可操作性的规划。而在现实中，我们常发现，很多中小企业人力资源部人员习惯于仅凭过往数据和历史，便草草制定出该规划，如此规划缺乏论证和可执行性就在所难免。

（五）缺乏人力资源管理的专门人才

现实中，很多企业特别是中小型企业没有设立人力资源部，大多由办公室履行人力资源管理的职能。即使设了人力资源部的企业，在行使人力资源管理职能的时候，也普遍存在一些问题，主要表现在：人力资源管理人员在人力资源管理专业方面的知识储备不足，专业技能不够。

（六）对于人力资源的控制比较困难

由于人员流行性比较大，各种意外情况都可能影响企业的人力资源规划。

企业的人事管理部门在对人力成本进行核算时难以实现定量分析。同时，企业内部各部门在制订人力资源规划时，考虑到自身部门的利益，常常出现人员超编的现象。而公司的领导从公司的发展战略方面考虑，则希望尽可能降低人力资源的成本和规模。在这种情况下，常常造成人力资源规划部门在制订规划时左右为难。

第五节　大数据改进人力资源规划

"各种经济时代的区别，不在于生产什么，而在于怎样生产，用什么劳动资料生产。劳动资料不仅是人类劳动力发展的测量器，而且是劳动借以进行的社会关系的指示器。"[①] 马克思按照劳动资料或劳动工具的标准，把人类社会发展分别称为石器时代、青铜时代、铁器时代、大机器时代。马克思没有看到信息时代的到来，但当信息技术作为非常重要的生产资料或者生产工具的时候，我们还是依据马克思的理论，称这个时代为信息时代。

如今大数据作为新的生产资料，不断体现出在社会经济活动与社会管理活动中的巨大作用。劳动工具是生产力发展水平的重要标准，而生产力发展水平则是一个时代的本质特征。大数据的出现对生产力的发展有着直接的推动作用，这也是为什么大数据时代会被称为一个时代的原因。

大数据时代下，数据成为真正有价值的资产，云计算、物联网等技术手段都是为数据服务开辟道路的。企业交易经营的内部信息、网上物品的

---

① 马克思. 资本论第一卷 [M]. 编译局编译. 北京：人民出版社, 2009.

物流信息、网上人人交互或人机交互信息、人的位置信息等，都成为摆在明面处的资产，盘活这些数据资产，直接作用于个人的生活选择，企业的决策甚至国家治理，改变人们生活方式。奥巴马参加美国大选时，他背后有一个经验丰富的数据分析团队，正是这个数据分析团队利用数据挖掘的方法，一步步分析出选民最有可能被何种因素说服；选民在何种情况下最有可能捐款；何种广告投放渠道能够最高效获取目标选民。通过数据团队的分析，奥巴马制订了与之相对应的竞选策略，真正得到了大量草根阶层选民的支持和捐款，有调查显示，80%的美国选民觉得奥巴马比罗姆尼更加重视自己。结果，奥巴马团队所筹得的第一个1亿美元中，竟然有98%的捐款是小于250美元的小额捐款，然而罗姆尼团队的这一比例仅为31%。[①]正是奥巴马背后这支数据分析团队计算中的一次次分析、一笔笔捐款和一张张选票将奥巴马送上了美国总统之位，这次美国大选也被称为"一次被大数据改变的美国大选"。

世界上没有什么是一成不变的，应该用动态的眼光看待世界。

大数据时代的人力资源规划将会引起怎样的变化呢？

一、应该树立起大数据意识

随着大数据的脚步日益加快，对于企业员工而言，树立大数据意识显得极为重要。在进行人力资源规划时，首先，要培养人力资源管理者具备大数据意识。人力资源管理部门作为企业员工的管理者和培育者，他们的大数据意识直接影响企业员工大数据意识的建立。而人力资源管理部门具备大数据意识时所制订的人力资源规划会突出数据带来的影响和意义，从而促进企业的数据化进程，在预测岗位需求、分配供给时，提供数据化的支持。

① 崔智东.奥巴马的管理之道 [M].北京：台海出版社，2016.04.

大数据意识的培养要从人力资源管理部门深入至企业每个部门。要让人力资源管理部门意识到大数据背后隐藏的潜在价值，并依据大数据所隐藏的价值做出正确的人力资源规划。其次，要培养其他部门员工的大数据意识。企业员工是人力资源规划的执行者，他们大数据意识的建立，有助于人力资源规划的顺利展开以及减少规划实行的偏差。关键是要让企业员工意识到数据的重要性，并致力于收集真实、高质量、有价值的并且具有高可靠性的数据。只有当每个员工都认识到大数据所带来的价值和意义，才能使企业具备更强的竞争力。

二、要积极搭建起数据化平台

在企业规划每一年度的人力资源策略时，总会对现有的人力资源水平进行调查和确认，如果每年都要在制定人力资源战略规划的时候再去调查人力资源现状程序会比较复杂，同时浪费极大的财力、物力、人力。同时，在分析各个岗位的人员数量、员工能力时需要一定的时间才能准确分析出现有的状况。

倘若在企业中构建一个数据化平台，在每天的日常工作中，员工通过数据化平台，实现每天的出勤、工作绩效、薪酬等多方面的记录，不仅能大大节省人力成本，而且能实现员工工作规范的检验、工作数据的统计、工作进度的共享。另外，企业还能进行监控，从而保证数据的及时性、准确性和真实性。在实现员工绩效评价的同时可以对公司每个岗位员工的能力进行有效的分析和计算。数据化平台能提供管理人员有效的员工信息，大大降低人力资源管理部门在制定规划时所需要的人力、财力。而长期积累的数据比急需时的调查所得的数据更为有效。因为每一天的员工信息都会被数据化平台记录，不会存在员工出现特殊情况或特意配合调查所带来的误差。

同样，数据化平台也适合于高层人员管理。数据化平台还能及时记录管理人员所制订的企业目标和长期规划，向员工传递及时有效的年度目标、当月计划，甚至每日生产计划，并及时统计往日生产状况并审核。因此在这样的基础上，数据化平台对人力资源的需求和供给进行预测也显得十分方便，及时绘制企业目标走势图，与管理人员交流、对企业战略进行设计和研讨，并对企业各个岗位需求进行有效的预测，与此同时，根据数据派遣相应数量的员工，在分析数据后进行员工的补给和删减，实现工作量的合理分配。

在制订人力资源规划方案阶段，当数据化平台中显示任务量过大不能及时完成时，人力资源管理部门能及时采取招聘策略，补充人员。由于数据化平台的建立，使绩效管理更为方便，企业人员的提升、培养、薪酬管理，都能根据数据及时有效地跟进，而对任务量不达标的员工也能够进行再培训和激励。

三、重视发挥大数据的预测预知功能

美国著名的沃尔玛公司利用"雇佣预测回归"方法提升了人力资源规划水平。他们称：他们现在能够知道某个应聘者在其岗位上能够工作多长时间；能够知道这项预测有多么精确，例如，某个应聘者的供职期限是30个月。回归方程还会单独报告一下，他供职不会超过15个月的概率是多少。

沃尔玛发现，用"不墨守成规的人在每家公司都有生存空间"这样一个问题对应聘者进行测试，对其做出肯定性回答的人，比对此做出否定性回答的人，供职期限要少2.8个月。

有了这种提前性预测，人力资源规划就可以做到提前进行，而不是被动应付。

对我国人才资源需求进行宏观预测规划，显然是一项意义更加重大的事情。学者的观点是：目前预测方法科学化水平不高，必须建立需求预测的长效机制；明确预测主体，建立人才需求的预测体系框架。显然，大数据能够在这个领域大显身手。这也是人才资源管理发展的必然趋势。

第六章 大数据背景下的
人力资源招聘管理

第一节 人力资源招聘的含义与方法

招聘工作是组织人力资源开发与管理的基础,也是组织管理体系的基础。任何组织的人员都不可能保持一成不变。以企业为例,随着企业环境和企业结构的变化,企业对人员素质的要求在不断变化,企业要吐故纳新,增进活力,就要对企业人员不断进行调整和更换。除离退休、内部晋升等原因造成职位空缺外,在市场经济条件下,企业拥有立法保障的辞退权,同时广大员工也拥有更加充分的择业自主权,员工辞职和企业解雇职员会频繁发生,这势必会造成经常性的职位空缺,而空缺职位的人员补充,主要是通过招聘来完成的。由此可见,员工招聘对一个企业来说,是随时都可能进行的,它对维持企业的正常运行和发展起着至关重要的作用。

招聘选拔工作是人力资源管理中最基础的工作,也是出现得最早的工作。在人类社会出现雇佣关系的同时,招聘选拔活动就出现了。从这个意义上讲,招聘选拔比人事管理出现得还早得多。招聘作为一种科学活动也出现得很早,在泰罗的科学管理时代,就已经创造了招聘、筛选、工作分析等工作,这些工作后来一直是人力资源管理的基础。

招聘从过程上讲是整个人力资源管理的开始。在当代发达国家的企业界,招聘已经发生了很大的变化。一种分析思考型的现代化招聘模式已经形成。招聘工作的任务或目的是要寻找具备最适合的技能，而且具有劳动的愿望、能够在企业相对稳定地工作的雇员。

企业的人员招聘工作是一个复杂、完整而又连续的程序化操作过程。当企业的人力资源需要系统地扩大和补充时，企业必须建立起一种招聘制度，增加、维持和调整总劳动力，保持人力资源需求的动态平衡，维持企业的生存和发展。一个有效的人员招聘录用系统可以为企业不断补充新生力量，实现企业内部人力资源的合理配置，减少人员流动，提高企业队伍的稳定性，减少人员培训开发的开支或者提高培训的效率。

当今的招聘工作已经越来越成为一种科学活动，而不是凭经验和感觉进行的活动。总的来说，企业招聘工作是在两项工作的基础上完成的：一是企业人力资源规划，二是工作分析。有了这两项工作作为基础，企业才可能进入科学的招聘和录用工作的操作阶段。

招聘是指通过多种技术手段，把具有相应品德能力的人吸引到企业空缺岗位的过程。应聘对象可以是内部或外部的人员，招聘的一个重要标志是要有招聘信息。如内部招聘时的工作布告和外部招聘时的报纸广告等。这些招聘信息旨在寻找到合适的人选。因此，多数情况下，应聘人都对工作岗位有一定的兴趣并拥有所要求的资质。一旦应聘者和招聘方之间达成协议，那就意味着招聘过程的结束。

作为一项重要的管理职能，招聘与其他人力资源管理职能存在密切的关系。简单地说，人力资源规划规定了招聘的目标，即招聘方所要吸引的人员数目、类型和质量，而工作分析既决定了对特殊人员的需求，也向招聘者提供了将要用到的工作岗位描述。此外，能否向招聘人员提供较高报酬和福利，在一定程度上决定了招聘的难易。最后，招聘还与选择有密切的联系，因为两者都是雇佣过程的组成部分。

总之，招聘是补充员工的主要渠道，是企业增加新鲜血液、兴旺发达的标志之一，它对企业的人力资源管理具有重要意义。

一、招聘工作在企业人力资源管理中占有首要地位

（一）输入的质量决定输出的质量

企业若要持续发展，就必须保持人力资源的供给，因为企业在发展的任何时期都会需要不同类型、不同质量和数量的人才。而只有进行有效招聘才能充分满足企业发展对人力资源的需要。同时，"输入决定输出"，招聘工作的质量直接影响组织"产出"的质量，它是人力资源管理的第一关口。

（二）招聘的结果影响企业日后发展

招聘的结果表现为企业能否获得所需要的优秀人才，而人才是企业发展的第一要素。现代社会竞争的制高点是人才的竞争，只有拥有高素质的人才，企业才能繁荣昌盛，才能在竞争中立于不败之地。

（三）招聘是一项树立企业形象的对外公关活动

招聘时，企业可以利用电视、报纸、广播、网站等媒体开展招聘活动，不但可以使企业招到所需的人才，也可以在一定程度上起到宣传企业、树立企业良好形象的作用。

（四）招聘的质量将影响企业人员的稳定性

企业都希望自己的员工队伍尽可能稳定，避免人才流失太多，使企业蒙受过大的损失。一个有效的招聘系统将使企业获得能胜任工作并对所从事工作感到满意的人才，从而保持企业正常运转。

（五）招聘工作直接影响着人事管理的费用

有效的招聘工作能使企业的招聘活动开支既经济又有效，并且由于招聘到的员工能够胜任工作，减少日后员工培训与能力开发的支出。

二、人力资源招聘工作的实施程序

招聘工作一般是从招聘需求的提出开始的。招聘需求通常是由用人部门提出的。一般来说，公司会根据一定时期的业务发展情况制定人员预算，因此招聘的需求通常是在人员预算的控制之下的。但是实际工作的需要和业务的变化也会导致人员需求的一定变化，对于这些需求变化情况，往往需要用人部门和人力资源管理部门根据对实际情况的分析做出决定。

（一）明确职位内容

招聘需求确定后，需要用人部门和人力资源部共同确定所聘职位的工作职责和任职要求。这样才能保证招聘工作更具有针对性。

（二）选择招聘渠道

要根据职位的不同、职位空缺的数量、需要补充空缺的时间限制等因素综合考虑，选择最有效而且成本合理的招聘渠道。

招聘渠道通常有外部招聘和内部招聘两种。外部招聘主要包括在报纸、招聘网站发布广告，参加招聘会，委托中介或猎头机构，校园招聘等方式；内部招聘则是在公司内部展开，由内部员工推荐人选或鼓励自荐。当然，也可以采取员工晋升或职位轮换补充空缺等方法。

（三）人员的选拔与评价

通常来说，获得的候选人数量会多于所要聘用的人数，那么就需要对这些候选人进行选拔，以便择优录取合适的人员。人员选拔评价的方法很多，首先要对简历进行筛选，其次有面试、能力与个性测验、情境性测评、知识技能考试、评价小组考核等多种方式，可以根据实际需要选用。

（四）人员的录用

对于经过选拔评价，符合职位要求的候选人，需要与之确定雇佣关系，包括工资待遇、职位、到职时间等具体条件，另外，通常会要求被录用的人员参加体检。如果候选人的各方面情况都符合录用要求，那么就可以办理正式的入职手续。

三、人力资源招聘渠道的选择

在实际工作中，经常会出现一些企业人力资源经理抱怨招不到合适的人才的情况，而一些高级人才和专业性、技术性比较强的中高级人才，在人才市场更难招聘到。这一方面反映了企业争夺人才的白热化程度和中高级技术人才的缺少，另一方面根据调查与观察，这是由于人力资源经理没有选择正确的招聘方式，在招聘活动开始前没有制订好招聘计划，甚至某些企业根本就没有制订招聘计划，企业出现职位空缺，就匆忙到人才市场招聘，从不考虑适合该职位的人才在何种场合能够比较容易获得。企业招聘的是高级人才、中级人才还是普通人才，要先做好招聘计划，选择合适的招聘方式场所，才会比较容易招到所需人才。

可供企业选择的招聘方式，主要有企业内部招聘和外部招聘，两种方法各有利弊，实际工作中，上述两种方法是相辅相成的。企业职位空缺时，究竟是采用哪种方法，要视市场供给、企业的人力资源政策和工作的要求等决定。有时也会同时使用两种方法获得候选人，再从候选人中选拔出合适的人员。

（一）组织内部招聘

内部招募渠道策略是指在组织出现岗位空缺后，从组织内部选择合适的员工来填补的渠道策略。选择内部招募渠道策略的最大优势在于管理者了解员工，员工熟悉组织，这样可以提高招募效率、降低成本、减少风险、鼓舞员工的士气。内部招募渠道策略主要有内部公开招聘、职业生涯开发选拔、工作调换、工作轮换、员工推荐和重新聘用。

组织内部招聘的方法如下。

1. 内部公开招聘

内部公开招聘是组织在确定了空缺职位的性质、职责及其要求等信息后，将这些信息以公告的形式，公布在组织可利用的组织网站、公告栏或内部期刊上。公告中应清楚描述工作职位责任和义务、工资水平和任职资格，并告知与这次公告相关的信息，如公告的日期和截止申请日期、申请的程序、甄选方法和联系人等，尽量能使全体员工都能获得信息，使所有对此岗位感兴趣并具有任职能力的员工都能中意，通过合适的甄选方法选出最合适的人员来填补空缺。内部公开招聘面向组织全体人员，这种内部招募渠道策略使员工有一种公平合理、公开竞争的平等感觉，会使员工更加努力奋斗。

2. 职业生涯开发选拔

职业生涯开发选拔是针对特定的工作岗位，在组织内挑选出最合适的候选人，将其置于职业生涯发展上接受培训的内部招募渠道策略。与内部公开招聘不同，在职业生涯开发选拔策略中，组织不是鼓励所有合格的员工来竞聘空缺工作，而是考虑将有潜能的合适的候选人放到职业生涯发展的路径上接受培训以适应相应的岗位。职业生涯开发选拔能够确保组织在某些重要职位出现空缺时，及时填补合格的人员，这样可以使组织避免这些重要职位的空缺而带来的损失。

3. 工作调换

工作调换是指在组织中出现岗位空缺时，将与空缺岗位同层次或高一层次的人员调去填补空缺的内部招募渠道。工作调换包括"平调"和"下调"，以"平调"为主。工作调换的主要目的是填补岗位空缺，也可以使内部人员与其他部门的人员有深入的接触和了解，熟悉组织其他部门的工作情况。这样有利于员工的晋升，也可以使管理者对员工的能力有进一步的了解，为将来的工作调整打好基础。

4. 工作轮换

工作轮换是指在组织中出现岗位空缺时，将与空缺岗位同层次的人员调去填补空缺的内部招募渠道。工作轮换和工作调换有些相似，但又有不同。工作调换从时间上来讲较长，而工作轮换通常是短期的；工作调换可以是"平调"或"下调"，而工作轮换一般是"平调"。工作轮换既可以使组织内部人员有机会了解组织内部不同部门的工作，给那些有潜力的人员提供晋升的条件，也可以减少某些人员由于长期从事某项工作而带来的单调和厌倦的感觉。

5. 员工推荐

员工推荐是由推荐人根据空缺岗位的要求推荐其熟悉的合适的内部员工，供用人部门和人力资源管理部门进行选拔的内部招募渠道策略。由于推荐人对用人部门与被推荐人都比较了解，使得被推荐人更容易获得空缺岗位信息，使组织更容易了解被推荐人。最常见的推荐法是主管推荐，由于主管一般比较了解下属的能力，由主管推荐的人选具有一定的可靠性。但是这种推荐会比较主观，会带有主管的偏见，容易受个人因素的影响。

6. 重新聘用

重新聘用是组织重新聘用某些原来在组织工作而现在没有在岗的员工

来填补空缺岗位的内部招募渠道策略。例如，重新聘用下岗人员、退休人员、长期休假人员等。这些人员的重聘会使他们有再为组织工作的机会。组织重新聘用这些人员能使他们尽快上岗，减少培训的费用，还可以减少聘用风险。

组织内部招聘的优点主要如下。

（1）组织和员工之间相互比较了解。

（2）创造了晋升的机会和防止可能的冗员。

（3）成本较低。

组织内部招聘的缺点主要如下。

（1）易导致"近亲繁殖"。

（2）易引发企业高层领导和员工之间的不团结。

（3）易引发后续问题。

（4）过多的内部招聘可能会使组织变得封闭。

（5）过多的内部招聘可能导致效率降低的现象。

（二）组织外部招聘

如果组织需要招聘的人员数量多，而且素质能力要求高，那么组织内部招募渠道很可能满足不了组织的这种需要，特别是当组织处于创业期或快速发展期，或是组织需要特殊人才的时候，仅靠内部招募渠道策略是不行的，组织必须采取相应的外部招募渠道策略来获取所需的相关人员。外部招募渠道策略主要有媒体广告招募、人才招聘会、人才中介、校园招募和猎头公司。

企业外部招聘的渠道和方式主要如下。

1. 媒体广告招聘

媒体广告招募是当组织出现空缺岗位，并要通过外部招募渠道招聘人员时，通过各种媒体向社会发布，吸引求职者前来应聘的过程。

媒体广告可以将有关工作的性质、要求和应该具备的入职资格等信息提供给潜在的求职者，也可以向求职者宣传组织的情况，为建立组织在社会上的知名度和美誉度等做出贡献。媒体广告信息传播范围广、速度快。采用广告的形式进行招募，能快速有效地吸引所需人员来应聘，应聘人员数量大、层次较高，组织甄选应聘者的余地较大，招聘到创造力强、素质较高的人员的概率较高。

2. 人才招聘会

人才招聘会是招聘组织和应聘者直接进行面谈的一种形式和过程，它能使招聘者和应聘者给对方留下比较直观的印象。人才招聘会一般都是由有举办招聘会资格的政府职能部门或下属机构主办，这样的人才招聘会一般信誉度好，有明确的主题，操作比较规范。通过人才招聘会，组织招聘人员也可以了解到同行业其他组织的人力资源政策和人力需求情况。

3. 人才中介

由于组织人员的流动日益频繁，组织招聘的工作量不断加大，既为了方便组织高效率地招人，也为了求职者能够快速地择业，各地区的人才中心、职业介绍所、劳动力就业服务中心等人才中介机构不断涌现，并且快速发展。通过这些人才中介机构，组织与求职者均可获得大量求职与招聘信息。

人才中介一般分成为组织服务为主和为求职者服务为主两类。他们一般建有各种人才信息库和招聘组织信息库。招聘组织在缴纳一定的费用之后，就可以很便捷地在这种人才信息库中查询几条件基本相符的求职者的资料。求职者在缴纳一定的费用之后，也可以很便捷地在招聘组织信息库中查询符合自己求职意向的招聘岗位。组织可以从人才中介的人才信息库中挑选人才，也可以委托人才中介挑选。人才中介这种外部招募渠道具有招募针对性强、费用较低的特点。

4. 院校招聘

由于目前社会上有经验的求职者数量有限，而且录用这些人员的成本相对较高。因此，越来越多的组织瞄准了高等院校毕业生这个巨大的人才储备库，经常采取深入院校进行招募的招募形式。

各种层次和类型的院校每年都有大量的毕业生要走向工作岗位，无论在技术岗位还是管理岗位上，不少毕业生会成为就业组织中富有发展潜力的员工。招聘组织关心的院校一般分为中等院校和高等院校两类。中等院校是组织招聘初级办事人员和初级操作人员的主要渠道，而高等院校则是组织招聘较高素质并有发展潜力的专业技术人员和管理人员的主要渠道。每年到了各院校毕业生找工作的季节，就会有很多组织到各个校园举办各种招募宣讲会。有些组织为了从院校获得急需的人才，还会与相关院校合作，设立各种奖学金资助对口专业的优秀学生，以此吸引学生毕业后去该组织工作。有些组织还会为学生提供实习工作的机会，以便确定将来长久的雇佣关系。

5. 借助猎头公司

猎头公司是专门为组织招募中高级管理或专业技术人员的外部渠道。在西方国家，猎头公司已发展得相当成熟。在我国，猎头公司也得到了快速发展。当组织需要招聘重要的中高级管理人才和中高级技术人才时，如果本组织的招聘人员不能较好地完成招聘任务，就需要借助猎头公司这个重要渠道。组织必须向猎头公司提供招聘岗位的详细信息材料。借助猎头公司这个渠道一般会比组织自己进行招聘效果好，并且招聘全过程能够做到保密。但是，猎头公司的招聘过程较长，各方需要反复接洽谈判，而且猎头公司的招聘费用昂贵，需要根据每位录用人才的年薪按照一定的比例缴纳费用。

组织外部招聘的优点如下。

（1）人员选择范围广泛。

（2）有利于带来新思想和新方法。

（3）大大节省了培训费用。

组织外部招聘的缺点如下。

（1）选错人的风险比较大。

（2）需要更长的培训和适应阶段。

（3）内部员工可能感到自己被忽视。

（4）可能费时费力。

研究表明，企业在招募人员时最好采取内外部相结合的办法。具体的是偏向于内部还是外部，取决于组织战略、职位类别和组织在劳动市场上的相对地位等因素的影响。对于招募组织的中高层管理人员而言，内部与外部招聘都是行之有效的方法，并不存在标准答案。一般来说，对于需要保持相对稳定的组织中层管理人员，可能更多地需要从组织内部获得提升，而高层管理人员在需要引入新的风格、新的竞争时，可以从外部引进合适的人员。

内部招聘让员工看到了新的职业发展机会，会创造工作满意度和激励因素。此外，用现有的员工来填补空缺职位在一定程度上保证了这些雇员适应组织文化。然而，如果内部招聘系统不公平的话，就会产生其他问题。

第二节　人力资源招聘的问题与短板

为做好招聘工作，首先，要从自身的认识上避免问题的产生，比如不要把人员的合理流动看成是不安分的表现。事实上，正是由于人员的流动才使得人力资源的配置日趋合理。正确分析变动的原因并找出其中的精英分子，才是我们关注的重点。其次，要将应聘者与评价标准进行比较，而不是在候选人之间进行比较。人员选拔一定要事先制定评价标准，将候选人与这个标准进行比较。而事实上，有些招聘者往往是在候选人之间进行比较，在众多候选人中挑出最好的。这样做的结果是一种误导，因为若干候选人中最好的不一定能满足职位的要求，从而造成降格录用。

根据人力资源招聘选拔工作中的共性问题以及现实运作过程中的实际情况，归纳出常见问题如下。

常见问题之一：表里不一的遗憾。

通常通过对应聘者进行面试，并根据应聘者过去和目前的表现来推断其在以后工作中的表现。而这些信息主要来自应聘者的简历及其在面试中所讲的话，因此，往往会认为应聘者，未来在实际工作中的表现会与面试中表现得一样出色。但事实却往往并非如此，有时甚至会令招聘者非常失望。在这个过程中，招聘者至少在三方面遇到挑战：一是应聘者的简历往往刻意突出其优秀的方面，有的甚至夸大或虚构的成分。二是面试过程中应聘者会故意掩饰自己的缺点，故意迎合招聘者的需求或期望。三是招聘者很难在很短的面试时间内真正了解应聘者。因此，如何透过简历和面试表现的表面现象，识别出应聘者更真实的一面，将是一件非常必要和重要的事。因此，招聘方必须采取更有效的面试方法，尽量避免表里不一的现象发生。

很多人在面试应聘者时，一味希望选到最优秀的人，其实这种想法是一个误区。因为对于人员选拔来说，关键的是要合适。许多应聘者正是迎合这种心态夸夸其谈，使得招聘者误入圈套。如果选拔一个过于优秀的人，这个人可能会远远超出职位的要求，那么这份工作对他来说可能丝毫不具挑战性，他的工作稳定性就会降低。

其次，还要明白，每种测评方法都是针对特定的目的而设计的，因此它对评价特定的内容是有效的，而对评价其他内容则是无效的，所以选择评价方法要注意选择最合适的。例如，我们要想知道一个人在工作中如何与他人相处和合作，如果让他去讲自己是如何与别人合作的，当然我们也可以得到有用的信息，但是如果我们给应聘者一个特定的任务，请他们以小组的方式解决一个问题，这样他们与别人合作的行为就可以展现得淋漓尽致。如果我们想知道一个人使用计算机软件的本领有多高，不妨直接让他在计算机上解决一个问题。

常见问题之二：光环效应的怪圈。

面试中的另一个严重的问题就是无法避免光环效应。在一些面试中，应试者的命运在最初一分钟里就被除数决定了。主考官的个人喜好、信仰、好恶等与工作无关的因素对面试结果有很大的影响。常见的表现有考官偏好、先入为主、以点概面等。

（1）考官偏好：考官偏好在很多招聘中时有发生，也很难避免。比如，面试考官很看重学历，他对高学历者一定是高看有加。这样在面试开始之前，学历稍低者早已丢失了一分。如果考官是做市场、搞销售出身，对能言善辩者就常有几分好感，而忽略了招聘岗位的特点和需要。

（2）先入为主：所谓先入为主，就是考官在面试一开始就对应试者有了一个比较固定的印象。这种印象很难在短时间内改变，比如说考官对应聘者的第一印象是诚实和友善的，那么当发现应聘者的第一个谎言时，会认为是无心之过或是过分紧张，是可原谅的；而如果考官对应聘者的第一印象是油滑的，那么当发现应聘者的第一个谎言时，会认为是习惯使然或是有意为之，是不可原谅的。

（3）以点概面：考官常常会由于应聘者的某一突出的优点而草率做出整体的判断。比如，在招聘开发项目负责人时，某位应聘者显示出高超的软件开发能力，考官就有可能误认为他是项目负责人的合适人选。但实际上，担任项目负责人一职更为重要的是要具备团队协调能力和开发管理能力，而不仅仅是有软件开发能力。这样的光环效应不但会严重影响面试效果，而且会影响公司在应聘者中的形象。

常见问题之三：被动面试。

（1）对面试的目的不甚明了：在进行面试前，招聘者需考虑在面试中要达到什么目的；是否要向应试者介绍公司；面试的重点是否放在考察技能水平上；要不要先向应试者介绍一下工作岗位的真实情况；是否允许应试者在这段时间里提问；其他面试考官会问些什么问题；等等。这些都是很重要的问题，需要在面试前就考虑好。

（2）对合格者应具备的条件界定不清：许多主持面试的人，把重点放在问一些能使他们洞悉应试者是否能够成功的问题。可是在很多情况下，究竟是什么能使他们成功界定得并不明确。对任何一个岗位来说，指的就是胜任工作的品德与才能。才能是指工作成功所需的相关知识、技能、能力和驱动力等。

（3）面试缺少整体结构：许多面试考官在面试中，不愿通过一个完整的过程去收集正确的信息，再选择合适的应试者。这样做会有很大的损失，浪费了很多时间和金钱。正确的做法应该：先根据工作岗位必需的才能制定出面试提纲，包括所提的问题和划分等级的方式。

（4）缺少应有的准备：一些面试主考官可能会由于日常工作太忙，对面试没有充分准备，只是在面试的前几分钟匆匆看一看应试者的简历和申请表，结果效果不佳。正确的做法应是在面试前花时间重温一遍工作岗位要求，阅读应试者的简历和申请表，准备好面试所提的问题。这些都是面试成功所必不可少的事前功夫。

常见问题之四：不恰当的面试提问。

面试中最常见的误区就是面试提问。常见的错误有重复提问、遗漏重要信息、缺乏提问技巧等。

常见问题之五：缺乏记录。

面试过程进行适当的记录是必要的。但很多面试过程中，考官只是在应聘者的报名表上做总评性质的记录，只是寥寥数笔，甚至干脆什么也不写，在脑子里记着，待全部面试完后再一气呵成。这种做法在做少量面试时问题还不是很突出，但在对较大批量的同一组岗位人员进行面试时，就只能对第一个人和最后一个人印象比较深，而对其他应聘者的印象就会比较模糊。在面试结束后，仅凭考官头脑中的模糊印象和几句简单的总评对应聘者进行分类，决定取舍，显然有失公平。这样也不利于事后监督和总结面试活动。

第三节　大数据改进人力资源招聘

人力资源管理，不能仅仅局限于传统模式的延续，而应结合时代发展趋势，采取更为科学有效的方略。将大数据方法运用到人力资源各大模块的实践，对组织发展就具有特别的重要意义。

大数据可帮助组织建立有效的人力资源数据库，对现有或未来预期的人力资源数据进行管理完善，但就目前企业的实践而言，这一目标尚未得到较好的实施。人力资源数据太少，大都是集中在企业内部录入的结构化数据，主要起到保存信息和辅助具体事务工作的作用，并不能服务于未来发展需求，提取到的数据也不具备什么应用价值。对企业十分有用的数据大量存在于社交网络中。

企业如果对社交网络信息重视起来，能够帮助企业及时锁定符合企业发展战略的目标人群，找到与企业职位相匹配的合适人才；就求职者而言，能够获得展示自身才能的平台，找到最适合自己的职位，实现自我价值。

由此可见，基于大数据的人力资源招聘，无论是对企业还是对求职者，都是很有好处的。

大数据蕴藏着的有价值的信息，有助于实现决策科学化，提高预测精准率，把握发展趋势，适时规避风险。充分利用大数据，能够带动组织人力资源招聘效率提升，招聘质量提高，具有重大实践意义和应用价值。

一、大数据人力资源招聘的新内涵

在大数据背景下，人力资源招聘有什么新的内涵呢？

基于大数据的招聘，正在不断地融合社交网络，借助社交基因弥补传统网络招聘的不足，能够使雇主与应聘者之间进行深度了解与交流，既节约成本，又提高效率。

大数据背景下的招聘，是在分析大量数据的基础上，通过提取和分析有价值的数据，做出招聘方向、策略选择，实行目标定位的。商业意识超前的企业，可以把招聘系统当成一种商品在互联网上以租赁的模式给客户提供服务，创造价值。

大数据时代下的组织人力资源招聘有什么特点呢？

大数据招聘能够改进传统人力资源招聘方法单一、信息不足、认知片面的弊端，为客户和组织提供求职和招聘的平台。这样的平台能够将线上、线下各种网络渠道整合在一起，实现信息共享。

（一）整合招聘信息渠道

大数据招聘管理系统能够将各渠道发布的招聘信息进行整合，提高搜索信息的有效性，实现招聘流程的规范性和标准化，整合碎片化的招聘渠道信息，提高企业人力资源管理部门和业务部门通力协作的有效性，提高整体招聘效率。

（二）降低招聘成本

招聘管理系统可以帮助组织减少一些不必要的成本。因为该系统能实现最大限度的招聘资源共享。例如，提供视频会议系统解决分布式、模块化、大容量的远程招聘解决方案。招聘数据化、系统化减少了从事传统招聘各环节运行的成本。

（三）提高招聘质量

大数据方法能够分析每个岗位的胜任特征，筛选与岗位需求较吻合的求职者，将人才素质进行量化模型匹配，通过数据计算得出较为科学的得分模型，帮助寻找高度匹配的目标人群。这就有助于提高招聘质量和效率。

（四）实现招聘效果量化管理

运用大数据的人力资源招聘，从招聘条件的筛选、招聘计划的制订、招聘方式的选择到招聘目标的确定，都可以借助大数据提出可量化的方案，分析趋势，便于管理层制定决策。招聘效果的量化管理能够为人力资源管理其他模块提供指导和参考，从而更为系统地全面提升企业人力资源管理水平。例如，通过招聘效率分析渠道的效能。

目前，招聘渠道日趋多元化、碎片化，需要建立一个能够将各渠道整合的平台。基于大数据进行招聘，能够帮助组织在更大范围内锁定人才、筛选人才，预测其离职倾向及入职后的科学化培养、保留，及时发现人力资源管理中存在的问题。

二、大数据人力资源招聘的新措施

（一）运用网络技术，提取招聘目标

现代网络技术的应用，能够节约时间、节约成本，不受时间、空间限制地发布信息，并可以通过"网络可视招聘"系统，实现组织与求职者面对面进行双向交流和选择，从而提高个人求职与组织求才的效率。

（二）通过社交网站，形成"传递"效应

当需要招聘员工时，传统的做法是张贴招聘信息，等待招聘会上求职者投递简历，这无疑会影响招聘进度。现在，可以利用论坛、微博、朋友圈等社交网络平台，随时随地发布招聘信息，不仅能在与自己相关的圈子内网罗人才，还能够通过转载、评论等方式将招聘信息快速传递，形成"传递"效应，同时起到树立公司形象的目的。

（三）系统加人工，建立筛选"双保险"

在完成招聘工作的组成部分中，筛选简历无疑是重要的一个环节，仅靠人工筛选成千上万的简历份数，会影响到招聘效率和招聘者的工作状态。在网络环境下招聘人员可以做到实时、实地筛选简历，只要在系统中设定必要条件，经过人工双重筛选，就能提高工作效率。

大数据时代下的招聘是基于现代网络技术产生和发展起来的，只有不断提升相关技术水平，增强信息收集、提取和分析能力，才能不断适应招聘活动需要，满足招聘需求。

三、大数据在人力资源招聘中的应用

（一）在人才搜索工作中的应用

在现代世界中，企业间的竞争是人才的竞争，而企业招聘人才乃是人力资源管理部门的首要任务。传统的招聘通常遵循下面的步骤：首先是人才需求部门向主管做出报告。其次是将招聘信息张贴于公司门户。当应聘者发现信息，引起兴趣，他们会将简历发过来表示愿意应聘。之后，企业人力资源部会选择应聘者的简历，面试候选人，直到找到合适的人才。在选择过程中，除了教育、性别、职业等硬指标外，实际上面试官的经验发挥了重要作用。但现实表明，这么做往往是偏颇的。现在，大数据方法可以很好地矫正它。首先，大数据提供的是一个内容更加广泛的招聘工作平台。公司对汇集到社交网络上的简历信息和应用信息进行分析，可以帮助招聘人员寻找到更多有关候选人更加丰富的信息，包括个人视频图像、生活条件、社会关系、特殊能力等，使候选人的形象变得更加生动。这无疑将有利于组织实现准确的"人岗匹配"。

（二）在数据处理中的应用

人才评价在当前人力资源管理技术中已经越来越受到重视。目前，评价过程较多采取专家评估的形式，采用综合评价的方法，但这些方法都是很主观的。鉴于此，研究人员研究多种利用大数据让数据说话的方法。发达国家在这方面应用较多，发展中国家应用较少。但是，利用大数据分析确实可以有效地处理大量的数据，满足用户需求。

（三）在数据挖掘中的应用

数据挖掘技术是一个强有力的工具，它能够帮助企业找出合适的规则来指导工作的进行。比如数据挖掘中的分类技术，通过分析企业现有员工与应聘者的关系，能对招聘工作起到指导作用。例如，在数据库中随机选出测试样本，对数据进行预处理，构建出人才招聘的数据模型。人才测评是招聘工作的重要环节之一，但目前企业的人才测评算法还不够成熟。利用大数据可以改进人才测评中的一些问题，以及以前算法中不成熟的地方，从而为人才选拔提供更好的工具。

大数据能从大型的人力资源数据库中挖掘出人才的一些隐匿的信息，帮助企业招聘决策人员找到数据间潜在的联系，从而更有效地进行人才测评。下面是发生在美国的一个真实故事。

案例：26岁的杰德·多明格斯收到一封邮件，内容是一家旧金山的初创公司邀请他去面试做程序员。那时的多明格斯住在加利福尼亚一间废旧的工厂里，经营着一家T恤图案设计公司，为了宣传自己的设计公司，正在自学编程。

多明格斯喜欢在各大编程论坛上和其他软件开发人员交流思想，共享代码，而且他的编程技术在全球最大的社交编程及代码托管网站——Github上享有很好的信誉，还曾被Jekyll-Bootstrap网站邀请编写代码，得到过很多其他网站开发人员的重用。

这家公司就是看中了多明格斯的这一点。他们在招聘时并不看重他的学历文凭以及是否具有专业的电脑编程技术，只是通过收集来自互联网上各大编程网站和论坛的数据信息，分析整理后找到了多明格斯这样的"天才程序员"。

这家名为镀金（Gild）的公司，把这项新的招聘技术命名为"大数据招聘"，希望在巨大的市场需求中，发现那些被遗漏的优秀人才，而且无须开出与一些大的技术公司相当的工资薪酬。这位掌握大数据挖掘技术的小伙子成了大受欢迎的"香饽饽"。

比利·比恩是美国一支棒球队的经理。他有许多与众不同的地方。别人寻找球员都依靠猎头公司全国猎取，他则不然，他是找来一位统计学家帮忙，尽量将球员的能力数据化，并以此作为衡量球员是否应该被录用的唯一标准。他通过这套计算机程序和数学模型，以有限的预算，找到了一些价值被低估了的球员，实现了最高的"投入产出比"，而且创下了美国历史上职业棒球大联盟连胜 20 场的空前纪录。

第七章 大数据背景下人力资源使用管理

第一节 人力资源使用的界定与宗旨

人力资源是第一资源，是企业最宝贵的资源。人力资源对生产力发展起着决定性的作用，对企业经营战略的实施起着保障作用。随着经济全球化的进一步推进，能否在竞争日趋激烈的环境中生存和发展，关键在于企业是否具备核心竞争力，而核心竞争力主要来自企业中的人力资源。任何企业都离不开优秀的人力资源管理，中小企业更是如此。戴尔·卡耐基就曾说："假如我的企业被烧掉了，但把人留住，20年后我还是钢铁大王。"①

企业是从事生产、流通、服务等经济活动，以生产或服务满足社会需要，实行自主经营、独立核算、依法设立的一种营利性的经济组织。人力资源是指一定时期内组织中的人所拥有的能够被企业所用，且对价值创造起贡献作用的教育、能力、技能、经验、体力等的总称。现代企业人力资源的合理配置与使用是企业人力资源管理的重点内容。在企业里，人是最活跃、最有潜力可挖、而且可以最大化创造利润的要素。人力资源使用得好，企业可以飞黄腾达；使用得不好，企业可以倾家荡产。

基于大数据的理论分析，转变传统人力资源管理思维方式，形成大数据思维，积极变革人力资源管理模式和管理方法，成为企业人力资源管理

---

① 卡耐基.卡耐基传[M].牧村，译.南昌：二十一世纪出版社，2015.

应对大数据时代挑战的核心。维克托·迈尔·舍恩伯格指出：大数据颠覆了千百年来人类的思维惯例，对人类的认知和与世界交流的方式提出了全新的挑战。[①] 人力资源使用，可以通过大数据进行合理的分析与组织，更好地做到知人善任，量才录用，将人力资源的利用率提高，以最佳的人力成本为企业创造最大的经济价值。

一、人力资源使用的界定

人力资源使用，是在经济学与人本思想指导下，通过有效的人力资源合理规划，在人员录用、人员激励、人员考核方面对组织人力资源进行有效运用，满足组织当前及未来发展的需要，保证组织目标实现与员工发展最大化的活动。

人力资源使用，贯穿企业人力发展的全过程。

人力资源使用，既要考虑组织目标的实现，又要考虑员工个人的发展，强调在实现组织目标的同时实现个人的全面发展。

人力资源使用的原则是把合适的人配置到适当的工作岗位上，引导新雇员进入组织，适应环境，才得其位，才得其用。

（一）人力资源使用的前提是"人得其位"

一个企业如何科学合理地选拔员工进入职位，是企业得以发展的基础。这是显而易见的道理。举一个很简单的例子，一个化工集团招聘过多学文科的员工，这个企业必然要走下坡路。虽然说这些人可以通过培训来使自己的知识结构得以改善，但是，能不能适应企业业务发展，还是一个未知数。专业不对口必然影响其才能的发挥。因此，无论是从招聘人才的企业

---

① 教师月刊编辑部. 舍恩伯格：大数据与学习的优化 [M]. 上海：华东师范大学出版社，2016.

的角度来说，还是从一个应聘者的角度来说，选择专业对口的企业或员工是尤为重要的。同时，对企业而言，选择那些道德水平高、业务素质好的员工作为新鲜血液，对企业的未来发展意义重大。

如何有效利用企业人力资源，以最佳人力成本创造最大的经济价值，是当代企业竞争获胜的重要法宝。科学有效配置人力资源，使之不浪费不闲置、高效运作，并建成一支高素质的人才队伍，是企业发展壮大的根本保障。人力资源优化配置的根本目的是更好地运用"人力"。人力资源的科学有效配置就是要合理而充分地利用包括体力、智力、知识力、创造力和技能等，通过一定的途径，创造良好的环境，使其与物质资源有效结合，以产生最大的社会效益和经济效益。这不仅是个人力资源管理学的问题，同时也是一个社会经济学的问题。

人力资源的资源性决定了这种对象的可开发性。人力资源开发就是针对人体所蕴含的各种能力及潜能而言的。而人的自主意识又对自己潜能的发挥起着重要作用。人力资源配置的优化就是通过一系列举措，使管理对象的所有能力包括潜能，得到充分发挥，为社会经济发展所用，变成一种现实社会生产力。人力资源虽然是包含在人体内的一种生产能力，但如果人力资源配置的结果不当，也难以使这种能力发挥出来。

如果组织通过科学评价，使一个人获得了合适的工作岗位，那么，下一步很重要的一件事就是建立与他的信任关系，从而使之对组织产生强烈的"归属感"，使员工发自内心地愿意长期为组织创造价值。员工归属感，指的是员工对所在组织的认同、奉献和忠诚态度。员工归属感的建立，是其在组织中"主人翁"角色获得的标志。专家指出，归属感是组织价值内在化，它能够生成内在驱动，是道德性的和自觉性的。员工归属感的作用巨大：产生大量的有利组织行为，工作热情积极，主动尽责，甘愿奉献与牺牲，不计报酬。培养员工的高度组织归属感，是高明的用人者的根本性任务。

（二）所谓会用人，就是会激励人

1. 激励的含义

"激励"一词源自英文单词 motivation，本义是一个有机体在追求某种既定目标时的意愿程度。它有激发动机、鼓励行为、形成动力的含义，就是人们常说的调动积极性。

对人的激励过程就是满足其需求的过程，它以未能得到满足的需求开始，以需要得到满足而告终（解除了紧张）。激励过程包括未满足的需要、紧张、内驱力、寻求行为、满足需要、新的需要。在激励过程中起作用的关键因素有个人的需要、个人的努力和组织目标三个方面。

2. 激励的划分

激励类型的选择是做好激励工作的一个前提条件。激励有多种类型，可以从不同角度进行划分。

（1）从激励内容的角度，可以分为物质激励与精神激励两种类型。

物质激励是从满足人的物质需要出发，对物质利益关系进行调节，从而激发人的向上动机并控制其行为的趋向。物质激励多以加薪、奖金等形式出现。

精神激励是以满足人的精神需要出发，对人的心理施加必要的影响，从而产生激发力，影响人的行为。精神激励多以表扬、记功、评先进、授予先进模范称号等形式出现。物质激励和精神激励目标是共同的，都是为了强化行为、提高人的工作积极性。但是，它们作用的着力点是不同的，前者主要作用于人的物质需要的满足；后者则着眼于人的心理，是对人的精神需要的满足。

（2）从激励的性质或方向的角度，可以把激励分为正激励和负激励两种类型。

正激励是当一个人的行为符合组织的需要时，通过奖励的方式鼓励这种行为，以达到保持这种行为的目的。负激励是当一个人的行为不符合组织需要时，通过制裁的方式来抑制这种行为，以达到消除这种行为的目的。负激励的手段既可以是物质方面的，如降低工资级别、罚款等；也可以是精神方面的，如批评、处分、记过等。正激励与负激励都以对人的行为进行强化为目的，但它们的取向相反。正激励起正强化的作用，是对行为的肯定；负激励起负强化的作用，是对行为的否定。

（3）从激励作用于对象的角度，可以把激励分为内激励和外激励两种类型。

内激励源于人员对工作活动本身及任务完成所带来的满足感。它是通过工作设计（使员工对工作感兴趣）和启发诱导（使员工感到工作的重要性和意义）来激发员工的主动精神，使人们的工作热情建立在高度自觉的基础上，以发挥出内在的潜力。

外激励是运用环境条件来制约人们的动机，以此来强化或削弱相关行为，进而提高工作意愿。它多以行为规范或对工作活动和完成任务付给适当报酬的形式出现，限制或鼓励某些行为的产生，如建立岗位责任制，以对失职行为进行限制；设立合理化建议奖，用以激发工作人员的创造性和革新精神。

（三）人力资源激励的有关理论

半个世纪以来，管理学家、心理学家和社会学家从不同的角度研究了应当怎样激励人的问题，提出了许多激励理论。这些理论基本上可以分为内容型、过程型、行为改造型激励理论。

1. 内容型激励理论

内容型激励理论侧重研究激发动机的因素。由于这类理论的内容都围绕着如何满足需要进行研究，因此也称为需要理论。它主要包括马斯洛的"需求层次论"、赫茨伯格的"双因素理论"和麦克利兰的"成就需要激励理论"等。

2.过程型激励理论

过程型激励理论着重研究从动机的产生到采取具体行为的心理过程。这类理论都试图弄清人们对付出劳动、功效要求、薪酬奖励价值的认识，以达到激励的目的。它主要包括弗隆姆的"期望理论"、亚当斯的"公平理论"和洛克的"目标设置理论"等。

其中期望理论是指个体动机行为的活动过程为"个人努力＋个人成绩＋组织报酬＋个人目标"。该理论核心是"期望值"。一个人积极性被调动的程度取决于各种目标的价值大小和期望概率的乘积。用公式表示：

$$激励力量=目标价值×期望值$$

这一理论说明，激励对象对目标价值看得越大，估计实现的可能性越大，激发的力量也就越大；期望值的大小则决定于目标的价值大小和目标实现的可能性两个因素。为此，应当在人力资源使用和管理中，解决努力与绩效的关系、绩效与报酬的关系、报酬与满足个人需要的关系。

公平理论是指个人将自己的"投入—报酬"关系与他人进行比较得到一定的感受，这种感受的反馈会影响下一步的努力。公平理论对管理实践有很重要的价值。首先，公平理论强调组织对待员工公平的方法的重要性，管理人员应该让员工们充分感受到他们受到了公平对待。其次，公平理论还提出在以人为中心的管理中，不仅注意组织中各个人的自身状况，还要特别注意组织内外的人与人之间比较的影响，防止人的"社会比较"引起行为的负效应。

3.行为改造型激励理论

行为改造型激励理论，着眼于行为的结果，认为当行为的结果有利于个人时，行为会重复出现；反之行为则会削弱和消退。这类理论以斯金纳的操作性条件反射为基础，侧重研究对被管理者行为的改造修正。它主要有"强化论""归因论""力场论"和"挫折理论"等。

二、人力资源之激励性使用

现实的激励因素决定了员工工作动机的强弱。一般而言，现实的激励因素主要包括以下几个方面：

（一）任用情况

知人善用，善于观察人，较快地认识人的兴趣、爱好、才能和知识，善于按事选人，平等竞争，使每个人拥有同样的机会，找到最适合发挥自己才干的舞台。

（二）信任程度

领导者与被领导者的互相理解、互相信任。

（三）晋升制度

每个人都希望晋升，但是由于职位有限，不可能满足所有人的晋升需求，因而要求一个公正、公平、严格考核、择优晋升的体系，激励员工不断提高自己、充实自己，在竞争中获胜。

（四）薪酬制度

薪酬在目前阶段仍是最主要的激励形式，要力争实现薪资制度的合理性、公正性与竞争性。

（五）奖励制度

奖励包括物质奖励和精神奖励，用来满足员工自尊和自我实现的需要，进而提高其工作积极性。没有公正的考核，就不会有公正的奖励制度。

要正确处理物质奖励与精神奖励的关系，在保持一定物质奖励的基础上，着重提高精神奖励强度。

（六）处罚制度

可以有效防止和纠正各种非预期的行为，保护多数员工的主观积极性。

正确的处罚制度应注意：处罚制度应保持严肃性，在反复调研的基础上产生，宽严适度；处罚制度一经确定，就应严格遵循；处罚制度主要针对少数人，而且是辅助手段，应防止过分夸大处罚的作用。

（七）参与程度

一个单位的成员，地位再低，也有他的自尊，也希望得到他人的尊重、理解和平等的对待，希望自己的看法和建议有人倾听并被采纳。因此，决策过程应该鼓励下级民主参与，以发挥下级的主观能动性。

（八）福利状况

福利包括住房、医疗保险、养老保障、工作环境、福利设施等，既是满足员工生存、安全、社交的重要途径，也是外在激励的重要组成部分。良好的福利条件，会使员工感到组织的温暖，增强组织的凝聚力，从而激发员工更加积极地工作，自觉发挥个人的主观性、创造性和能动性。

三、人力资源使用的宗旨与原则

人力资源使用的宗旨在于能够最大限度地实现人尽其用，才尽其用，组织能够更加充分地发挥人的体能、智能、知识力、创造力，促使人力资源与物力资源实现完美结合，以产生最大的社会效益和经济效益。

人力资源的使用有三大原则。

（一）合理使用原则

人力资源的合理使用，即指人力资源得到充分开发和运用，以达到人力资源供需的大体平衡，从而实现企业效益的最大化。

人员的能力和岗位相匹配，有利于人尽其才，才尽其用。为了实现人力资源的合理使用，组织应该避免一些不良现象，比如人浮于事、用非其人、机构臃肿、收益下降等。

（二）良性结构原则

人力资源的良性结构包括组织内所使用的人力资源的数量、质量、构成、效能等问题。配置得当，则"以一当十"；配置不当，则"十不抵一"。良性的人力资源结构不是随意即可形成的，需要开动脑筋加以谋划。

例如，组织的人才结构与组织战略紧密相关。组织战略转变，必然会引起组织人才结构的相应变化，否则不能完成组织的既定目标。良性的人力资源结构必然是既精简又高效的，唯有如此，才能够提高人力资源的投入产出率。

（三）效益提升原则

提高人力资源的使用效益，就是争取"高效劳动"，降低"低效劳动"，避免"无效劳动"。"高效劳动"既是组织需要的理想状态，也是实现人员潜能有效开发、使人力资源的价值得到充分实现的正确途径。

提高人力资源使用效益的方法很多，比如重视采用先进的科学技术，倡导技术革新、技术进步；重视采纳群众智慧，采纳合理化建议；实行对外开放政策，吸纳组织外部的先进经验；等等。

第二节　人力资源使用中的问题

由于历史包袱和计划经济制度等诸多因素，我国大多数组织的管理理念和管理方式落后，在对人力资源使用问题上存在不少问题。

一、缺少长远规划，人才配置不当

任何成功企业的核心问题都离不开制定企业发展的长远战略规划，其中包括人力资源战略规划。美国的微软，日本的索尼、松下以及德国的奔驰、大众等世界知名企业都是如此。由于有了战略规划，所以能够胸怀全局，对人力资源进行科学规划与部署，做到面对风浪，应对自如。

现今我国的不少企业，包括国有企业与民营企业均缺乏系统的人力资源发展战略规划，致使要么人浮于事、效率低下，要么出现人才断层，落入人才危机的陷阱。一些民营企业家只相信自己的管理经验，缺乏现代人才观念，对引进的人才也是心存戒备，不敢放手，怕他们翅膀硬了，跳槽走人。在人才使用上，多是自己一人说了算，没有建立起引才、用才科学机制，极易导致用人失误。

人力资源配置不当，将导致企业内耗严重。我国的企业存在的问题有：有些领导班子成员之间不团结，工作上不是互相支持，而是互相拆台；部门与部门之间的工作相互脱节或相互扯皮。尤其是实行家族化管理的企业，用人唯亲而不是用人唯贤，因人设岗而不是因事设岗，急功近利而适得其反。企业内部凝聚力低下，人力资源利用效率必然低下。

职工的才能与岗位不匹配，是因为缺少科学的人才测评手段。由于没有做工作分析，致使工作岗位职责、工作任务及岗位对职工的要求不清楚。一个普遍存在的问题是，往往在招聘阶段就很难达到"人岗匹配"。人才招进来之后，又忽视对其培训开发，使得问题很难解决。

二、分配机制不透明，员工利益受损害

很多组织在员工利益分配方面缺乏公开、公平、公正的机制。即使有些企业为吸引人才，制定了一系列薪资福利制度，但由于缺乏科学合理的绩效考评体系及与之配套的措施，或是薪资福利制度本身就存在缺陷，并不能确保人才在其付出智慧和劳动后得到适当的经济利益报偿，从而使这一制度流于形式，起不到科学使用人力资源的作用。有的民营企业为了防止员工流失，故意拖欠员工工资，致使员工利益受到损害。

三、育人机制不理想，职业发展受阻

很多民营企业虽然认识到了人才的重要性，但是对人才的培养都没有信心。因为他们辛辛苦苦培养出的人才，最终"跳槽"到了其他企业，甚至成为竞争对手。这就造成了很多企业不再愿意培养人才，放弃了这种"为他人做嫁衣"的行为，对人才采取了随取随用的态度。这样，员工对自己未来的职业发展道路不明确，加之劳资双方契约关系不规范，缺少相应法律约束力，这就给员工的随意流动提供了土壤。

如果企业只是为满足自身单方面利益招聘员工，而不能给予员工适当的职业生涯发展指导和保障，员工也仅仅是将企业作为实习的基地和积累经验、资历的平台，是奔向下一个目标的"跳板"，很难沉下心来将"工作"当成"事业"来做，双方都是各取所需，而不去谋求长远，那么，就很难达成相互信任、协调发展、互利共赢的局面。

四、文化建设滞后，组织凝聚力不强

企业在文化建设方面不仅仅是重视并加大了投入，有了职工活动中心，配备一些器材就足够了，就算有了自己的企业文化，这种观念也是落后的。企业应该在价值追求、经营理念、制度建设、目标方针等方面对职工进行积极引导。要孕育企业轴心文化，力求得到广泛认同。只有目标一致时，人才之间才会有共同语言，才能进行更好的协作。

案例：麦当劳用人的特点。

（一）不用天才与花瓶

麦当劳不用所谓"天才"，因为"天才"是留不住的。在麦当劳里取得成功的人，都得从零开始，脚踏实地工作，炸薯条、做汉堡包，是在麦当劳走向成功的必经之路。这对那些不愿从小事做起、踌躇满志想要大展宏图的年轻人来说，是难以接受的。但是，他们必须懂得，麦当劳请的是最适合的人才，是愿意努力工作的人，脚踏实地从头做起才是在这一行业中成功的必要条件。

在麦当劳餐厅，女服务员的长相也大都是普通的，还可以看到既有年轻人也有年纪大的人。与其他公司不同，人才的多样化是麦当劳的一大特点。麦当劳的员工不是来自一个领域，而是从不同渠道聘用人员。

麦当劳的人才组合是家庭式的，年纪大的人可以把经验告诉年纪轻的人，同时又可被年轻人的活力所带动。因此，麦当劳请的人不一定都是大学生，而是各行各业的人都有。麦当劳不讲究员工是否长得漂亮，只在乎她工作负责、待人热情，让顾客有宾至如归的感觉，如果只是个中看不中用的花瓶，是不可能在麦当劳待下去的。

（二）用人没有试用期

一般企业试用期要 3 个月，有的甚至 6 个月，但麦当劳 3 天就够了。麦当劳招工先由人力资源管理部门去面试，通过后再由各职能部门面试，合适则请来店里工作 3 天，这 3 天也给工资。麦当劳没有较长的试用期，但有长期的考核目标。考核，不是一定要让你做什么。麦当劳有一个全面的评估制度，就是让周围的人都来评估某个员工：你的同事对你的感受怎么样？你的上司对你的感受怎么样？以此作为考核员工的一个重要标准。

（三）晋升机会公平合理

在麦当劳，晋升对每个人都是公平合理的，适应快、能力强的人能迅速掌握各个阶段的技术，从而更快地得到晋升。

面试合格的人先要做 4~6 个月的见习经理，其间他们以普通员工的身份投入餐厅的各个基层工作岗位，如炸薯条、做汉堡包等，并参加 BOC 课程（基本营运课程）培训，经过考核的见习经理可以升迁为第二副理，负责餐厅的日常营运。之后还将参加 BMC（基本管理课程）和 IOC（中间管理课程）培训，经过这些培训后已能独立承担餐厅的订货、接待、训练等部分管理工作。表现优异的第二副理在进行完课程培训之后，将接受培训部和营运部的考核，考核通过后，将被升迁为第一副理，即餐厅经理的助手。

以后他们的培训全部由设在美国及海外的汉堡大学完成，汉堡大学都配备有先进的教学设备及资深的具有麦当劳管理知识的教授，并提供两种课程的培训，一种是基本操作讲座课程，另一种是高级操作讲习课程。美国的芝加哥汉堡大学是对来自全世界的麦当劳餐厅经理和重要职员进行培训的中心，另外，麦当劳还在中国香港等地建立了多所汉堡大学，负责各地重要职员培训。一个有才华的年轻人升至餐厅经理后，麦当劳公司依然为其提供广阔的发展空间。经过下一阶段的培训，他们将成为总公司派驻其下属企业的代表，成为"麦当劳公司的外交官"。其主要职责是往返于麦当劳公司与各下属餐厅，沟通传递信息。同时，营运经理还肩负着诸如组织培训、提供建议之类的重要使命，成为总公司在这一地区的全权代表。

（四）培训成为一种激励

麦当劳的培训理念是：培训就是让员工得到尽快发展。麦当劳的管理人员都要从基层员工做起，升到餐厅经理这一层，就该知道怎样去培训自己的团队，从而对自己的团队不断进行打造。麦当劳公司的总经理每三个月就要给部门经理做一次绩效考核，考核之初，先给定工作目标，其中有一条必须写进目标中，那就是如何训练你的下属——什么课程在什么时候完成，并且明确告诉部门经理，一定要培训出能接替你的人，你才有机会升迁。如果事先未培养出自己的接班人，那么无论谁都不能提级晋升，这是麦当劳一项真正实用的原则。由于各个级别麦当劳的管理者，会在培训自己的继承人上花相当的智力和时间，麦当劳公司也因此成为一个发现和培养人才的大课堂，并使麦当劳在竞争中长盛不衰。

第三节　大数据改进人力资源使用

大数据时代下人力资源管理模式的创新，有赖于管理者观念的更新，只有当管理者的观念和态度变化了，管理者的行动才能变化，从而促成管理模式创新的最终形成。然而，由于思维上的惯性，有的人力资源管理者仍然沿用传统的人力资源管理观念、方法开展工作，忽视了当前的大数据时代新格局。

利用大数据升级改造传统人力资源使用方法，就是顺应时代潮流，紧跟时代步伐，也是当今"互联网+"对人力资源领域的要求。

将"大数据思维"融入人力资源使用的各个环节，必将提高人力资源使用的效率和企业的价值。

一、实行大数据思维，利用大数据决策

人力资源使用的大数据思维，基于大数据的理论分析，转变传统人力资源管理思维方式。维克托·迈尔·舍恩伯格指出：大数据颠覆了千百年来人类的思维惯例，对人类的认知和与世界交流的方式提出了全新的挑战。[①]"大数据思维"变革主要包括：

（一）人力资源使用者首先应具备大数据思维

不仅需要战略上具备对使用对象的洞察力和前瞻性，还需具备拨雾见日的本领，具备更高敏感性、专注力和创新思维的能力。同时，还要注重向员工培训和灌输大数据思维方式。

（二）将人力资源大数据视为组织发展中的核心生产要素

人力资源管理部门作为组织中的重要职能部门，每天需要接触处理的信息量逐渐变大，数据种类也日益多样化，如搜集员工基本信息、工作绩效统计、受训情况登记、人工成本计算、人力资本投资回报率、员工满意度、员工敬业度、核心员工流失率等。此外，组织外部可以获取的相关人力资源信息数量相当巨大，按大数据思维要求，需要把如此丰富的人力资源均视为组织资产加以利用。

① 教师月刊编辑部. 舍恩伯格：大数据与学习的优化 [M]. 上海：华东师范大学出版社，2016.

（三）用人决策模式的转变

人力资源使用者需要将依据"经验＋感觉"式的用人决策，转变为依据"事实＋数据"的用人决策。没有数据依据，只是凭借道听途说与主观经验的决策都是不可取的。

二、优化组织数据库，进行大数据"人岗适配"分析

社交网络是目前拥有大数据的最大主体。组织能够借助社交网络的大数据获取应聘者的各类信息，包括工作信息、生活状况、社会关系、能力情况等都可能被人力资源管理部门所掌握了解，从而形成关于职工的立体信息，实现精准的"人岗匹配"。

"人岗匹配"的本质的要求是进岗者与岗位胜任力的匹配。也就是说"匹配度越高"，适才适用的概率越高。在传统的人力资源管理过程中，是否做到人岗匹配大多是非常模糊的。这是因为那时的"人岗匹配"就是基于上级主管的主观感觉、个人经验与判断。但在大数据时代，人力资源管理部门可以搭建一个可靠性较高的人岗匹配平台。在这个选拔匹配平台的前台，是对于目标岗位的系统描述以及候选者应该具备的各项胜任能力的素质要求。选拔匹配平台的后台，是候选者的各项能力素质指标按照目标岗位的胜任力维度进行分解展现，进而可以直观地观察候选者的胜任力与目标岗位的胜任力的匹配情况，进而极大提高选拔的精度与效率。

三、适应大数据的开放要求，建立人才管理体系

大数据时代的到来，要求企业人力资源管理者顺应大数据的开放性要求，树立开放的思想和态度，以积极的态度将信息技术与人力资源管理工

作结合起来，不要仅仅把视野局限于简单的人事管理工作，重在倡导员工在大数据平台上进行学习与沟通交流，从而不断丰富组织人力资源大数据，并把它应用到人力资源规划、招聘、培训、绩效考核和薪酬管理等各个环节中去。

建立基于大数据的企业人力资源管理体系，从宏观层面上说，是对企业发展进行指导性把控；从微观层面上说，又是对组织内部的科学管理。要采取信息化、智能化的管理方式，以人为本，为员工价值的实现提供合适的平台，实现员工和组织的共同发展。

四、以大数据为基础，实行人员有效激励

"针对性＋多元化"的有效激励，不仅是对员工过去业绩的肯定，使其获得成就感，而且对员工未来工作积极性的提高具有重大的意义。

随着人力资源管理系统的不断发展，薪酬激励的手段不断增多，体系日趋完善。在大数据时代，要以数据为基础，用事实说话，才能做到客观公正，保证人才队伍的稳定。

通过对行业、产业基础数据的广泛了解，对那些长期服务于公司的员工要加大物质激励的力度，并且通过全面的数据分析来确定具体额度。对那些在能力数据和潜力数据方面表现优秀的员工，还要采取多元化的激励手段。根据马斯洛的需求层次理论，组织高层或骨干员工，无不希望在专业上有所建树，在职位上有所提升，他们对名誉、权威的需求比物质利益更加强烈。因此，企业可以制订相应的进修计划、晋升计划。

此外，感情激励也是一种很好的激励手段，是对员工的关心与体贴。组织恰当地利用感情激励，能够调动员工的工作热情，培养员工的忠诚度，从而打造一支稳定的工作团队。例如，有的企业建立起了内部经济困难预

警系统，当发现员工用餐消费低于一定数额时，系统会自动给其发送通知，询问其是否需要帮助。相关人员还会进一步核实情况，最终确定是否对其提供帮助以及帮助的具体程度。

五、利用社会徽章，提升人力使用水平

21世纪之初，美国麻省理工学院人类行为动力学组的研究人员将多个传感器组合成一个装置，能够做到同时检测不同的信号。这个东西叫"社会传感器"。从外表看，是一个灰色的盒子，里面装有一个红外线收发器、一个麦克风和两个加速度传感器。它的功能是能够了解人类多方面的行为。研究人员把它带到"5分钟相亲"节目，因为它能够记录下互动男女的大量社交信号。社交信号是指男女在相亲聊天时下意识传递给对方的信号。比如，声调的轻微变化，眉毛上扬或者是突然插话。通过复杂的计算，能够预测出这一对男女是否合得来，而且无须知道他们的谈话内容。事实证明，这个装置对相亲结果预测的准确率达到85%。

进入大数据时代后，这个社会传感器从不便佩戴的小盒子演变成一个小小的"超级徽章"，就像北大校徽一样。用这样一个徽章，记录搜集5分钟的数据，就可以观察出员工的言行举止，找到提升工作效率的途径。同时，这个徽章还会暴露其他个人信息，例如所处位置、谈话对象、上班上厕所的时间、与其他部门人员交谈了多久等。但是，组织对这个东西的使用与否，尚存争论。使用徽章有利的一面是，可以充分了解员工，合理使用员工；不利的一面是可能侵犯员工隐私，有违法律。这个徽章还可以预测员工健康状况，包括是否抑郁、是否可能要离职、与内部哪些人合得来等。显然，对人力资源合理使用者来讲，这无疑是一个有用的利器。这个社会徽章还有一个作用，就是它不仅能够了解员工的个人表现，而且能

够了解这个人参与团队合作的情况，它是通过成员间的沟通数据发现的。大家知道，管理者或领导用人的目的是完成既定的任务，因此人员间的相互理解与配合就显得格外重要。为了有效地完成任务，领导者需要事先配置人员，优化结构，极为有利的是，领导者能够利用"社会传感器"创造出"团队指纹"，也就是什么样的任务应该由什么样的人组合完成。这简直是出现了一个用人好参谋。专家称，利用感应数据，会让团队指纹成为机构成功的主要推动力；还认为，"根据团队在不同时期的需要，通过搜集数据，人力大数据分析系统可以给出合理化建议"，调整"探索"与"执行"两者间的平衡，并对工作环境进行相应调整。

第八章 大数据背景下的人力资源考核管理

第一节 人力资源考核的含义与功能

人力资源考核，是人力资源管理的核心问题，是保障并促进组织内部管理机制有序运转、实现管理目标所必须进行的一种管理行为。美国组织行为学家约翰·伊凡斯维其认为，人力资源考核可以达到以下七个方面的目的：为员工的晋升、降职、调职和离职进行评估；组织对员工绩效考评的反馈；员工和团队对组织的贡献进行评估；为员工的薪酬决策提供依据；对招聘选择和工作分配的决策进行评估；了解员工和团队的培训及教育的需要；对工作计划、预算评估和人力资源规划提供信息。

员工工作的好坏、绩效的高低直接影响组织的整体效益和效率，因此，人力资源绩效考核与管理是企业人力资源管理部门的一项重要任务。

随着大数据时代的来临，管理信息化加快了脚步。然而，面对繁杂、庞大的数据海洋时，如何做到科学有效，是一个值得重视的问题。

一、人力资源考核的含义

人力资源考核即绩效考核，是一项系统工程。人力资源考核的定义是：组织在既定的战略目标下，运用一定的标准和指标，对员工过去的工作行为以及取得的工作业绩进行评估，并运用评估的结果对员工将来的工作行为和工作业绩产生正面引导的过程和方法。

明确这个概念，可以明确绩效考核的目的及重点。组织在制订发展规划、战略目标时，为了更好地完成这个目标，需要把目标分阶段分解到各部门，最终落实到每一位员工身上，也就是说每个人身上都有任务。绩效考核就是对组织人员完成目标情况的跟踪、记录、考评与改善。

人力资源考核是组织在发展中必备的管理职能，对于企业而言具有重要的现实意义。首先是衡量员工是否称职的重要管理工具，能够提前发现思想、意识、能力素养不达标的职工，以做好事前控制准备工作。其次是能够有效地进行人才发掘，选拔出对工作有激情、有能力的好员工，并将其合理安排到更加重要的工作岗位之中。最后是通过绩效考核的结果，对员工实行正确的奖惩，起到激励作用。

二、人力资源考核的内容

人力资源考核包括业绩考核和行为考核两大部分。业绩考核主要考核员工在组织业务上的绩效；行为考核主要考核员工行为上是否规范，是否符合组织文化和规章制度。绩效考核的内容在国内外有所不同。绩效管理与绩效考核不同，它不仅包括考核环节，而且从管理角度提升了考核的眼界与层次。

（一）国内的情况

目前，国内具有一定代表性的意见认为，绩效管理是一系列以员工为中心的干预活动。它包括四个环节，分别是目标设计、过程指导、考核反馈和激励发展。

1. 目标设计

目标设计既包括作为结果的目标设计，如数量、质量、成本、时间等；也包括作为行为的目标设计，主要指员工在工作中表现出的态度、努力程度和能力等胜任特征。目标设计主要是针对具体的工作岗位职责而设计，但也要考虑组织的发展目标及部门目标，使它们之间建立紧密的联系。

2. 过程指导

过程指导强调的是考核之前管理者对于员工的具体激励、反馈和辅导。这充分体现了绩效管理以人为本，关注员工的发展与进步。在激励阶段，强调的是非正式激励的途径和方法。在反馈阶段，强调不仅要考虑正面反馈的方法，而且要考虑负面反馈的方法。在最后的辅导阶段，强调管理者，特别是基层管理者要针对员工的行为表现进行及时的纠正、示范和培训，对于出现的困惑进行辅导咨询。

3. 考核反馈

考核涉及结果和行为两个方面。结果考核比较容易操作，本节主要介绍行为评价的方法，特别是实际管理中较难掌握的360°反馈评价方法。此外，还将介绍如何进行绩效面谈的方法。

4. 激励发展

它是将绩效考核的结果应用于职工发展的关键环节包括奖惩与进退，以及制订培训发展计划等。

以上四个环节将根据绩效管理工作的进行，不断循环反复，在达到个人和企业的目标之后，再重新设计目标，进入新的绩效管理阶段，从而不断调动员工的积极性，增强组织的竞争力。

（二）国外的情况

国外专家对绩效管理系统的设计则提出了自己的看法。如加拿大专家认为，成功的绩效管理主要由以下四部分组成：指导、激励、控制、奖励。尽管这些概念在理解上存在一些差别，但在实际绩效管理的活动过程中是紧密相连的。例如，对员工进行奖励是整个绩效管理活动的最后一部分，但员工想要得到这种奖励的希望，成为一个主要的激励因素。同样，绩效考评过程又为控制活动提供了必不可少的信息反馈。

1. 指导

因为员工并不能对方方面面的工作行为都给以同样的注意，所以就有必要在某些重点之处给予提示。在一个比较好的绩效管理活动中，上级主管应该明确每位雇员的工作职责，以及与此相关的特定工作行为。指导活动的主要内容就是给员工清楚地指明：问题是什么，以及应如何去做。

2. 激励

与较强的工作动机相关的有两方面因素：目标设定和员工参与。如果在绩效管理活动中能具备这两方面要素，员工就会主动履行各自的工作职责，具有很高的工作积极性。

3. 控制

控制过程之所以与绩效管理紧密相连，是因为它贯穿于绩效考评的整个过程。然而值得注意的是，有时组织只注重于衡量工作表现的某一小方面，而忽视了所应达到的大目标。换句话说，就是组织要从短期和长期战略出发，来设计绩效评估体系。有很多管理者为在本年度取得辉煌成果竭尽全力，到头来才意识到身体健康受到损伤（脑力或体力方面），显然在以后的工作中就不会再达到同样的水平。总之，控制过程不仅包括阶段性的评估，而且应有长远考虑。

4. 奖励

奖励活动是绩效管理活动过程中的最后一个要素。现在，绩效工资制已经成为薪资管理专家们研究的"热点"问题之一。尽管这类薪资制度在研究领域颇为盛行，但许多组织发现这一计划并没有付诸实施。其主要原因就在于企业有限的资金预算导致计划的落空。

总之，企业成功的绩效管理活动就是一个基于上述四个基本环节相互影响、相互作用、相互适应、相互调整、循环往复的动态过程。

三、绩效考核的作用

（一）绩效考核是人员任用的依据

在组织发展过程中，存在部分不求进取、思想觉悟较差的员工，他们从根本上影响组织的健康有序运行，同时也对工作积极性高的员工，造成思想认知方面的影响，认为"多干与少干都无太大区别，没有人能够对自己的努力给予肯定"，逐渐出现岗位懈怠。但通过绩效考核效能的发挥，可以有针对性地对每一位员工做出综合评价，发现每个人的专长及工作能力，从而做出合理的人员任用及配置。

（二）绩效考核是员工职务调整的依据

伴随科学技术的进步，企业对专业人才的重视程度也得到了提升，领悟到岗位用人应做到扬长避短，尽可能地发挥员工的长处。而通过考核可以从不同方面准确地收集到员工工作信息，如工作成就与态度、技能的娴熟程度以及理论深化程度等。通过考核，并通过对此类信息的大数据分析，可以做出哪个人应该调整到哪个位置的人岗匹配建议，实施岗位、职务调动。这样，既能够做到适才适用，又能够增加企业效益。

（三）绩效考核是员工培训的依据

绩效考核的结果运用，包括了发现员工短板，以便有针对性地实施员工培训。培训实际上是一种有效的人力资本投资。获得这种投资的人，能够增长某个方面的才能，从而适应某个岗位或更高岗位的能力需求。

（四）绩效考核是确定奖惩的依据

在现代企业管理中，薪酬是工作分析、工作定价的结果，但是奖惩是绩效考核的结果。如果一个人连续若干年考核等级都是优秀，那么就应该理所应当地得到奖励和晋升，因为事实证明他能胜任工作且工作很优秀。反过来，如果一个人连续两年或两年以上考核等级都是不称职，那么，这个人就属于要么离开岗位，要么受到处罚的对象。考核的功能之一就是展现人的能力与绩效的差异性、区别性，从而决定此人的进退去留。

（五）绩效考核是促进员工成长的重要手段

员工从进入企业的那一刻起，公司便有义务满足其在企业中的成长需要。因此，制订科学合理的人才成长计划，也是一个公司规范化运作的体现，而绩效考核作为规范企业员工行为的重要保障，自然也成为员工成长的利器。通过绩效考核，可以帮助员工制订职业发展规划和良好的成长计划，强化自身专业技能的娴熟度，积累经验，逐渐成长为一个优秀的企业精英人才。

四、绩效考核的方法

较为常用的绩效考核有以下数种。

（一）交替排序法

交替排序法的原理是在群体中挑选出最好的或者最差的绩效表现者，较之于对其绩效进行绝对考核要简单易行得多。因此，交替排序的操作方法就是分别挑选、排列"最好的"与"最差的"，然后挑选出"第二好的"

与"第二差的"，这样依次进行，直到将所有被考核人员排列完全为止，从而将优劣排序作为绩效考核的结果。交替排序在操作时也可以使用绩效排序表。

（二）配对比较法

配对比较法是一种更为细致的通过排序来考核绩效水平的方法，它的特点是每一个考核要素都要进行人员间的两两比较和排序，使得在每一个考核要素下，每一个人都和其他所有人进行比较，所有被考核者在每一个要素下都获得了充分的排序。

（三）强制分布法

强制分布法是在考核进行之前就设定好绩效水平的分布比例，然后将员工的考核结果排列到分布结构里去。

（四）关键事件法

关键事件法是一种通过员工的关键行为和行为结果来对其绩效水平进行绩效考核的方法，一般由主管人员将其下属员工在工作中表现出来的非常优秀的行为事件或者非常糟糕的行为事件记录下来，然后在考核时点上（每季度或者每半年）与该员工进行一次面谈，根据记录共同讨论，来对其绩效水平做出考核。

（五）行为锚定等级考核法

行为锚定等级考核法是基于对被考核者的工作行为进行观察、考核，从而评定绩效水平的方法。

（六）目标管理法

目标管理法是现在更多企业采用的方法，管理者通常很强调利润、销售额和成本这些能带来成果的结果指标。在目标管理法下，每个员工都有若干具体的指标，这些指标是其工作成功开展的关键目标，它们的完成情况可以作为评价员工的依据。

（七）叙述法

在进行考核时，以文字叙述的方式说明事实，包括以往工作取得了哪些明显的成果，工作上存在的不足和缺陷是什么。

（八）360度考核法

360度考核法又称交叉考核，即将原本由上到下，由上司评定下属绩效的旧方法，转变为全方位360度交叉形式的绩效考核。在考核时通过同事评价、上级评价、下级评价、客户评价以及个人评价来评定绩效水平。交叉考核，不仅是绩效评定的依据，而且是可以从中发现问题并进行改革、提升的手段。管理者要找出问题原因所在，并着手拟订改善工作计划。

五、绩效考核的一般程序

绩效考核是一项系统工程，大体由三个阶段构成，依次为准备阶段、实施阶段、反馈阶段。

（一）准备阶段

要明确考核的目标对象，根据不同的考核目标选择有针对性的绩效考核内容及考核标准。

要正确回答"谁来考核，考核谁"的问题。在被考核者明确的情况下，具体考核者由哪些人组成，取决于三种因素：被考核者的类型、考核的目的、考核指标和标准。

考核者是保证绩效管理有效运行和工作质量的主体。在一般情况下，所有考核者都应具备以下条件：作风正派，办事公道；有事业心和责任感；有主见，善于独立思考；坚持原则，大公无私；具有实际工作经验，熟悉被考核对象情况；等等。

在企业中，被考核者大致可以分为四大类：生产人员、管理人员、技术人员和市场营销人员。这四类人员所承担的工作任务的内容、作业环境和条件、劳动强度、工作责任和能力素质等具有明显的差别，在明确了这些人员的工作性质和特点之后，才能保证所设计的绩效考核体系具有针对性和可行性。

在对考核者和被考核者以及考核方法做出明确的定位之后，需要根据考核方法及其对象的特点，进行绩效考核指标和标准体系的设计。

根据绩效考核的内容，应正确选择考核方法。目前，适合于企业不同类别岗位人员的考核方法已达几十种。这些方法各具特色，具有不同的特点和适用范围，为绩效考核提供丰富选择的同时，也给人们的选择带来了困难。为保证考核方法的科学有效，在选择确定具体的绩效考核方法时，应当充分考虑三个重要的因素：管理成本、实用性和适用性。

（二）实施阶段

作为企业绩效管理的领导者和考核者，在实施阶段应当注意两个问题：一是通过提高员工的工作绩效增强核心竞争力，对于达不到标准的员工，要帮助他们改进工作，迎头赶上先进者。二是收集数据并注意数据的积累，以便为下一阶段的考核工作提供准确和可靠的数据资料。

在绩效考核阶段，如何保证并提高考核的精度是一个极为重要的关键问题。准确的绩效考核结果有利于人事决策的科学性，能有效地激励员工、鼓舞士气；不准确的绩效考核，不但会造成决策上的失误，严重挫伤员工的积极性，还会引起员工流失，给企业正常的生产活动带来极为不利的影响。

在确保绩效考核准确性的同时，还应当重视考核的公正公平性。带有偏见、缺乏公正公平性的考核，可能会在员工中滋生不良的思想情绪，不仅贻害组织和主管人员的管理活动，还会对以后的绩效管理活动产生干扰和破坏。为了保证考核的公正公平性，企业人力资源管理部门应当确立两个保障系统，即公司员工申诉系统和公司员工绩效评审系统。前一个系统的主要功能是允许员工对绩效考核的结果提出异议，同时给考核者一定的约束和压力，使他们慎重从事，在考核中更加重视数据的采集和证据的获取；后一个系统有助于减少矛盾和冲突，防患于未然，将不利影响控制在最小范围内。

（三）反馈阶段

绩效反馈主要的目的是改进和提高绩效，被考核者应当知道自己在过去的工作中取得了何种进步，在哪些方面还存在不足，有待在今后的工作中加以改进提高。人们常说，"知人者智，自知者明"。但人们往往不自知，对自己的短处、劣势或不足看得过轻，或者根本看不清楚。在面谈反馈时，应当以表扬为主，但是不能没有一些必要的批评，特别是对那些不够自觉的下属。

采用灵活适用的因人而异的信息回馈方式，对每个考核者来说都是一门学问和艺术。一个成功的管理者应当学会并掌握绩效面谈反馈的技术和技巧。

第二节　人力资源考核的问题讨论

一、人力资源考核的相关案例

我们先来看看两个案例。

案例一：某公司的年终绩效考核。

某公司又到了年终绩效考核的时候，从主管到员工，每个人都忐忑不安。公司采用强迫分布式的末位淘汰法，即根据员工的表现，将每个部门的员工划分为 A、B、C、D、E 五个等级，分别占 10%、20%、40%、20%、10%，如果员工有一次被排在最后一级，则该职工工资降一级；如果有两次排在最后一级，则该职工下岗进行培训，培训后根据考察的结果再决定是否上岗；如果上岗后考核再被排到最后一级，则被淘汰，培训期间只领取基本生活费。主管人员与员工对这种绩效考核方法都很有意见，但又都不敢吱声。

公司主管更是每年都为此煞费苦心，该部门是职能部门，大家都没有出什么错，工作完成得都很好，把谁评为 E 档都不合适。上年，小田因家里有事，请了几天假，还有几次迟到，但也没耽误工作。主管没办法只好把小田报上去了。为此，小田到现在还耿耿于怀。今年又该把谁报上去呢？

讨论思考题：

1. 请问财务部是否适合采用硬性分配法进行绩效考核？为什么？

2. 如果重新设计该公司财务部门的绩效考核方案，你认为应该注意哪些问题？

二、人力资源考核存在的问题

（一）对人力资源考核体系的认识还不够正确

当前，不少人对于绩效考核的认知存在偏差，认为绩效管理就是对员工在过去一段时间的工作表现进行评价打分，并依据打分的结果，实行奖惩。坦白来讲，即将绩效考核看作优奖劣罚的行政手段。如果这样来认识考核，那么将极容易使考核走向歧途，产生种种问题。

人力资源考核是人力资源管理一个必不可少的环节。其目的是，通过对员工业绩的评价，使之认清自己对组织的贡献大小，知识、能力的长处与不足，明确今后的努力和改进方向，进一步提升工作水平。简而言之，绩效考核不仅使每个员工得到发展，而且使组织也得到发展，是一件双赢的好事。

（二）指标设计的指导思想还不够明确

（1）选择和确定什么样的绩效考核指标是绩效管理中的一个重要问题，同时也是比较难解决的问题。

绩效指标中有一部分应该是与其工作产出直接相关的，也就是直接对其工作结果的评价。国外有的管理学家将这部分绩效称为任务绩效；另一部分绩效指标是对工作结果造成影响的因素，但并不是以结果的形式表现出来的，一般是工作过程中的一些表现，通常被称为行为绩效。对任务绩效通常可以用质量、数量、时效、成本、他人的反应等指标来进行评价，对行为绩效通常采用行为性的描述来进行评价。这样就使得绩效考核的指标形成了一套体系。

（2）绩效考核周期的设置要合理。考核的周期就是指多长时间进行一次考核。多数企业是一年进行一次评价，也有一些企业一个季度或者半年进行一次，还有一些企业一个月进行一次。

对于任务绩效的指标，根据经验，大多数职能管理人员可以采取半年或一年考核一次的做法。而对于一些带有生产性质的人员，则可以缩短考核周期，以便及时对他们的工作进行认可。考核周期较短的好处是：一方面，在较短的时间内，对工作产出有较清晰的记录，如果等到年底再进行，恐怕就只能凭借主观的感觉；另一方面，有利于对工作中存在的问题及时改进。

（3）必须建立以绩效为导向的企业文化。企业的存在就是为了创造价值，满足社会大众的需要。所以，企业里的每个人都要以创造价值为荣。个人的价值如何体现？必须通过实实在在的绩效。良好的企业文化，既包括绩效考核制度要能够带动员工树立与企业价值观一致的目标，也包括必须为员工营造一种鼓励积极上进的工作氛围。

（三）考核标准的设计尚缺乏科学性

在一些组织中，还存在绩效考核标准不清晰、不齐全、以主观代替客观等现象。不难想象，使用不完善甚至不相关的标准对员工进行考核时，得到的结果也必然是不客观不公正的，其结果也不会得到被考核者的认同。

有的企业在进行绩效考核时，只是做单向的考核，即上司对下属的审查式考核。如果考核者与被考核者曾有过私人利益、感情冲突，那么，非客观因素势必将影响考核结果，产生偏差。

有些企业不愿意将考核的结果反馈给被考核者，搞"暗箱"操作，使被考核者无所适从，不知自己哪些方面的工作表现需要改进，哪些方面需要加强。究其原因，一是考核时仅凭长官意志，不依据客观事实，担心结果反馈引起下属反感。二是考核者不了解绩效考核的意义，企业没有良好的沟通习惯和民主氛围。

有的考核指标设计缺乏科学性，如定性指标过多，必然会加大主观随意性。在考核等级划分上，虽然存在"优秀""称职""基本称职"及"不称职"四个档次，但是在该类等级的划分时，缺乏具体的量化标准，使等级划分难以裁定，"不称职"这一等级几乎形同虚设。

（四）对绩效考核数据缺乏深度分析

在人力资源专业化的提升过程当中，数据分析扮演着至关重要的角色，它使得人力资源管理的理念、技术及技巧更加科学化。

目前，绝大多数组织无论是人员的招聘，还是绩效管理，都缺乏数据概念，缺乏对数据的有效处理和运用。若是将数据资源有效运用和挖掘，构建起数据模型，将会对人力资源管理，特别是绩效考核产生质的提升。

过去，由于缺少数据搜集的工具，人力资源管理部门只能依靠人事档案里的有限文字记录获得一些对人的认知。现在则不然，我们已经可以凭借计算机、各类网站、社交平台获得大量数据，如果人力资源管理部门掌握了科学的数据分析方法，能够凭借多维数据，进行对相关人员的绩效分析，就可以得出更为深刻的认识，从而得出更加准确的结论，使组织个人与组织整体都得到发展。

第三节　大数据改进人力资源考核

随着大数据时代的到来，组织的人力资源考核体系应根据组织自身发展目标和发展步骤，以战略目标为导向，构建数据化、智能化的考核操作体系，使组织人力资源考核呈现出新的面貌。

一、大数据与人力资源考核变革

用大数据变革人力资源考核，就要特别关注岗位数据和员工参与。

在以往的考核中，考核者大多依赖有限的文字记录对被考核人进行主观评价，进而确定等级化的考核结果。例如，通过记录员工的出勤率、工作成果与积极程度等基础数据（当然也包括故障率、任务完成率等数据）来确定员工对企业的贡献。

然而，在大数据时代，想要在考核中做到客观公正，消除员工的机会主义行为，人力资源管理部门必须改变原有的考核方式，建立以大数据为依托的人员考核和胜任力分析工具。

在绩效考核指标的设计中，首先必须进行岗位分析。为此，组织要充分利用现代科学技术和相关平台，全面收集和深入挖掘岗位相关数据，建立以数据为依托的绩效考核指标体系，进而设计员工考核的分析工具，使其不仅可以客观肯定员工对组织的贡献，还可以对员工未来工作的改进提供量化指导。

此外，还可以在企业内部建立信息共享和互动平台，如微信、微博、贴吧等，让员工对绩效考核指标的筛选、内容的确定、实施的流程等一系列问题各抒己见，倡导互动讨论。由此一来，人力资源部就可以利用平台所产生的大量数据客观地确定绩效管理的方案，明确员工最关心的问题和最希望解决的途径等。

利用这样的互动平台，员工就间接参与了绩效考核政策的制定，还可以对组织的领导及其他人员的绩效进行考核，有助于推动组织管理和绩效考核的透明化。不仅领导明白员工的绩效，员工也可以对领导工作加以监督。员工与员工之间的信息也可以共享互通。让员工参与到全部考核过程中来，更能使其感受到企业对他的重视，进而调动其工作热情，提升对企业的忠诚度。

大数据技术能够对人力资源绩效考核方法进行改进，通过收集与被评价者有关的结构复杂的数据，组织可以设计出更为人性化、可信度高的评价指标。运用可视化数据分析技术，如标签云、历史流、空间信息流等构建图形化、流程化分析结果，有利于人力资源管理部门更客观地评价和甄选人才。

人力资源管理决策是最需要大数据支撑的部分。它既能够把握当前实时动态，又能够对未来一段时间内的发展做出趋势性分析。传统的领导决策支持更加依赖各类人事统计报表，现在则可以利用商业智能工具，实现对人力资源数据的深入分析挖掘。

随着大数据技术的发展，通过汇聚更多的有效数据，加强对其中岗位、人员、业务等全面的关联性分析，组织的人力、人才决策将变得更加有数可考、有据可凭。

大数据洪流来袭，对人力资源考核的重大影响，不仅仅反映在以上方面，甚至可以颠覆考核程序。例如，在阿里巴巴公司，考核就做到了提前进行。也就是不在年底进行，而是提前到9—10月进行。这是为什么？因为到了年底，想改进也来不及了。那么，怎样做到提前呢？这就需要依据大数据建立一个数学模型。要采集需要考核人员的一些数据，进行对比。在电商那里，可以采集到不同时点的三种数据：询盘的数据、下单的数据、交易的数据。这三个数据之间是有一定的比例关系的。例如，如果询盘数是100，一般下单数是80，交易数是65。那么，人力资源管理部门就可以提前在某个时点，预测出某个员工是否能够完成预定指标。如果不能，则建议其应该提前采取什么措施。

大数据时代的到来，对人力资源考核来说，还可以改变一下思路：能不能抛弃以往的考核方法，从根本上颠覆旧的考核方式呢？不一定不行。一些发达国家的做法是：要求所有员工，一上班就打开计算机，而且在工作过程中坚持详细记录自己的工作成果。计算机是最听话的，能够一丝不苟、老老实实。就是说，它能够把每个人的每项工作成果都记录下来。如果再加上"社会徽章"的信息搜集，就可以把员工每天的行为信息、行为数据，例如与客户的联系都搜集起来，加以统计汇总，那么，任何一个人的考核都有数据依据。从这个意义上来讲，现行的传统做法将发生根本性变革。这就是大数据的威力。

二、建立人力资源考核大数据系统

基于大数据的绩效管理是一项系统性很强的工程。企业可以通过配备大数据化的系统管理软件，对员工进行在线考核，通过系统实时收录的员工工作情况及相关成果对员工进行考核；同时，员工也可以通过系统进行自己工作成果的展示介绍。

作为重要的人力资源管理的职能之一，绩效管理的大数据化，有利于考核环节的方便快捷实现，增强员工对绩效考核的认同和对企业的黏合度，企业可以根据大数据化绩效考核软件，提高考核的水平和效率。

大数据时代的来临，加快了绩效管理信息化时代的脚步。然而，企业在面对繁杂、庞大的数据信息时，如何做到价值最大化，为企业绩效管理系统服务，这就需要一套战略管理体系，在企业战略管理体系的框架支撑下，数据才能使管理系统如虎添翼，引领企业飞速发展。

在企业管理信息化的今天，企业希望在管理中通过数据来查看、评估员工的工作动态及绩效考核。如此一来，数据整合和可用性方面的新挑战也随之出现。那么，企业如何建设一套以企业战略管理为根据的系统构架来实现数据信息的整合和价值最大化呢？

数据信息能否被有效利用，取决于战略管理系统的体系设计。大量的数据信息在全面、有序的企业战略管理框架中被归类、识别，并通过战略管理系统中的分析工具被分析、重置，再通过辅助保障系统将分析后的数据信息按流程、组织，系统地输送给终端，从而形成一整套企业战略管理信息化系统，以便于高效运用数据，真正实现数据可用性。

从管理信息化落地执行的角度看，人力资源考核系统要能够帮助企业管理信息化高效实现；否则，再好的战略落不了地，也不能产生很好的效果，更谈不上发展。

二、加强对人力考核数据的分析

人力资源管理的数据分析有三个层面：一是基本信息分析，这是一项基础工作，是人事管理和处理信息的主要方法，如建立员工信息档案、员工考勤记录、加班记录等。二是人力资源管理各职能模块的内外部信息分析。它决定人力资源管理各项职能模块运作的健康程度。其中包括人工成本分析、薪酬福利、外部竞争性和内部公平性分析、绩效考核结果分析、培训需求及效果分析等。三是人力资本计量分析。这是一个相对更有深度的核算分析方法，真正体现了人力资本的概念。它能够客观地评估人力资本的投入与产出，让人力资本管理真正体现为企业增值。

随着经济的发展和企业竞争的加剧，人力资源绩效考核作为人力资源管理的中心环节，正面临着新的挑战。为全面分析人力资源绩效考核的整个过程，要构建科学合理的考核体系并确定各项指标的权重，对考核数据进行综合分析。在确定各考核指标权重时，可以引入群决策方法和聚类分析原理；在综合分析考核数据时，可以运用模糊评判方法。大数据技术还能从某些大型人力资源数据库中找到隐藏在其中的相关信息，帮助决策人员找到数据间潜在的联系，从而有效地进行人力资源开发配置，使企业的人力资源绩效管理更灵活、更高效。

第九章 大数据背景下人力资源管理创新注意的问题

第一节 个人信息的保护

大数据背景下，移动互联网、社交媒体带给我们丰富的数据资源（如社交关系网、兴趣图谱等），日臻精确的数据挖掘和分析技术则提供给我们更多处理问题的途径和方式，这一切都为企业人力资源管理创新提供了诸多突破口。但与此同时，围绕大数据所带来的一系列问题也不容忽视。本章从个人信息保护、雇佣歧视、IT 成本控制和雇佣公平等几个方面提出大数据背景下企业人力资源管理创新中应注意的问题。

一、个人信息保护面临的挑战

数据的获取与利用从网络时代对个人信息的精确收集转向基于大数据样本中数据挖掘产生相关个人信息的关联集成，这已颠覆了过去隐私保护以个人为中心的思想：数据收集者必须告知个人，他们收集了哪些数据、作何用途，也必须在收集前征得个人同意，即"告知与许可"规则。而在大数据时代，却是一种新的对分散的相关个人信息的"二次利用或开发"，有的数据从表面上看并不是个人数据，但是经由大数据处理之后就可以追溯到个人了。个人信息一旦被以数据化形式储存，便掌握在政府、非政府机构以及商业组织的数据库中，个人实际上很难进行保护。巨大的商业利润根本无法阻止拥有数据库的单位和组织不将收集到的个人数据进行整合、分析和利用。更让人担忧的是，一些国家还经常以"国家安全"为由，通过"立法"等合法途径对个人数据信息进行随时监督和检视，这是大数据时代给个人信息保护带来的巨大挑战。

　　企业人力资源管理部在搜集员工相关信息时，也极容易面临侵犯员工隐私的法律风险。目前很多公司都在员工的个人办公电脑上安装了监控，可以将员工浏览网页、在公司内部社交网络（BBS、论坛、SNS 社区等）上发表言论、在云沟通平台上聊天以及邮件来往等过程中所产生的各式各样的信息都记录下来，并结合公司管理信息系统的员工信息等进行整合、分析、挖掘和利用。这一方面有助于我们更好地了解员工需求，为制定人力资源决策提供依据。但另一方面，数据的可接近性并不意味着数据使用合乎伦理道德。在对员工行为数据进行挖掘和分析的同时不可避免地威胁到他们的个人隐私。网络隐私权与传统隐私权的不同之处在于网络隐私权更注重个人数据的利用与控制，不再局限于隐私保护的简单行为。网络隐私侵权行为多种多样，包括非法收集、传播、使用个人信息以及非法监控、侵入私人网络领域等。以往人们认为网络的匿名化可以避免个人信息的泄露，然而在大数据时代，数据的交叉检验会使得匿名化失效，社交网站普遍推行的实名制也增加了个人隐私保护的难度。

二、强化个人信息保护的重要意义

　　大数据有利于整合与共享管理信息，不论是企业还是个人，都会因大数据的爆发受益匪浅。企业可以借助数据存储、统计、分析等为自身带来更多利益。个人也会享受到更方便、更迅捷、更个性化的服务。然而，大数据在带来机遇和效益的同时，也带来更多安全问题。大数据时代个人信息主动或被动地被采集，往往被采集者用于经营的目的，无论个人信息所有者在其个人信息被实施采集行为前是知情还是不知情，个人信息都会面临"处理"过程中的种种危险。有专家认为，大数据在成为竞争新焦点的同时，也带来了更多的安全风险，大数据成为网络攻击的显著目标，大数据加大了隐私泄露风险，大数据威胁现有的存储和安防措施，大数据技术成为黑客的攻击手段，大数据成为高级可持续攻击的载体，这对大数据时代个人信息的安全提出了更严峻的挑战。

企业使用大数据技术能够收集到员工的各类信息，包含一些与员工工作无关的信息，如私人社交、情感发泄、生活琐事等。这些与工作无关的数据在收集时并非具有目的性，但随着技术的快速进步，这些数据可能最终被开发出新的用途，例如，对员工未来的行为表现进行预测，这既违反管理伦理，也缺乏组织公正。如果员工感到自己的生活被监视了，甚至于他们可能因为所谓的大数据预测而为自己并未发生的行为买单，这很容易激起员工的自我保护本能。他们一则会抗议这种监测技术，使企业面临法律纠纷。二则不愿意再通过网络表达自己的真实感情，这会使得大数据在某种程度上失去价值。此外，如果公司的信息管理系统被攻破，将造成公司员工数据的泄露，给员工的生活造成困扰，甚至引发员工生命财产的安全。因此，企业若要基于大数据做人事分析，必须了解相关法律法规、行业规则，合法合理地收集员工的信息。对所获取的员工个人信息，企业必须引进信息保护技术以保障员工的信息安全，防止信息泄露，才有可能使得基于大数据的人力资源管理获得较好的应用与发展。

三、个人信息保护的现实困境

国际上，对网络隐私权的保护主要有两种模式，一种是以行业自律为主导，另一种是以法律制度为主导。美国是典型的以行业自律为主导来保护网络隐私权的国家，其政府出于不妨碍电子商务和互联网发展的意图，在充分尊重行业发展自主性的基础上，采取必要的政策导向。在隐私保护方面，美国最早提出隐私权的概念和理论，并于 1974 年通过保护隐私权的法案。1986 年由联邦和州政府制定颁布的《电子通信隐私法》是一部针对电子通信活动而制定的立法，也是一部非常重要的处理网络隐私权问题的法律，为网络用户的隐私权的保护提供了可靠的保障。它涵盖了声音通信、文本和数字化形象的传输等所有形式的数字化通信，不仅禁止政府部门未经授权的窃听，而且，禁止所有个人和企业对通信内容的窃听，同时还禁止对存储于计算机系统中的通信信息未经授权的访问及对传输中的信息未经授权的拦截。

欧洲在保护个人信息方面成果显著，这主要与欧盟采用以法律法规为保护个人隐私的主导模式有关。《欧盟个人数据保护指令》要求欧盟各国必须根据该指令调整或制定本国的个人数据保护法，它为欧盟及其成员国的网络隐私权保护提供了法律依据，使全欧盟成员国的个人数据保护法律相互协调。各欧盟国家也分别制定有国内的相关法律来保护个人隐私，如《法国自由、档案、信息法》规定："建立个人档案或者个人记名数据库，或每次通过自动化手段使用记名资料时，均需遵守法律规定的义务，并规定专门的机构负责监督检查法律的实施，违法者将受到民事、行政或者刑事处罚。"英国《数据保护法》规定："获得个人数据应当依据一个或多个明确合法的目的，不得以该目的外的任何形式处置个人数据。"

德国《联邦数据保护法》还对"自动做出的个人决定"进行了限制，该法规定：不能仅仅用于评价其个性的数据自动化处理程序做出将给数据主体带来一定法律后果，或者严重损害数据主体利益的决定。

我国对隐私权的法律保护，采取的是间接、分散的立法方式，主要有宪法、刑法、诉讼法、行政法和民法，形成了一个多层面的隐私权法律保护局面。互联网进入 Web 2.0 时代之后，隐私权面临着更大的威胁，我国又针对计算机信息网络的隐私权保护相继出台了一些法规、规章，加快了个人信息安全保护的立法和修法进程，刑法规定的侵犯个人信息罪、侵权责任法第 36 条关于网络侵权的规定、全国人大常委会《关于加强网络信息保护的决定》（2012 年）以及工业和信息化部颁布的《电信和互联网用户个人信息保护规定》（2013 年）、《电话用户真实身份信息登记规定》（2013 年）等法律法规相继出台，建立起了个人信息安全保护的基本框架，对于保护个人信息和生活安宁、保障公民和法人的合法权益意义重大。但这些法律法规仍存在过于原则、不够具体、操作性差等问题。侵犯个人信息罪中存在主体范围狭窄、情节不易认定等问题；网络侵权的规定中也存在侵权举证较难、赔偿数额较低等问题；《关于加强网络信息保护的决定》规定的 12 条内容都是比较原则的。

就目前各国关于个人隐私保护的法律法规来看，主要着重于强调"告知与许可"，即如果组织想要收集或使用用户的个人信息，需要将收集的目的告知用户并征求用户的同意。然而，"大数据时代，很多数据在收集的时候并无意用作其他用途，而最终却产生很多创新性的用途"。因此，"告知与许可"本身已经不能较好地发挥作用了，国家必须以新的思路出台相关法律法规以保护大数据时代的个人隐私。

四、个人信息保护的措施

对个人信息的保护，最基本的还是国家要有完善的法律法规为保障。国家应该从法律上完善个人隐私保护制度，改变隐私保护模式，让数据使用者为其行为承担责任。尽快出台个人信息保护法，涉及个人信息保护的多个部门要积极推动立法，或者设立专门机构推动立法，尽快结合个人信息保护的专门、统一法，规范并协调其他相关法律法规的执行，构建个人信息安全的全面保护。除此之外，国家还应设立专门的行政监管机构，建立严格的监管制度，以保障企业对存储于云端的个人信息进行商业化利用合法性。

大数据时代，技术手段是法律措施的重要补充，个人信息的安全和保护应强化技术的作用，主要表现在以下几个方面。第一，加大资金投入。国家和企业加大对大数据安全保障关键技术研发的资金投入，提高研发环节资金投入比例，或设立专项资金用于研发。积极鼓励个人信息安全技术的研发和创新，从技术层面来保障信息安全，提高我国大数据安全技术产品水平，抢占发展基于大数据的安全技术的先机。第二，提高技术手段。大数据时代，大量的用户个人信息通过计算机网络进行存储和传输，要堵住人为漏洞和技术本身的漏洞，最好的方法是技术手段。要加强新产品、新技术的研发应用推广，不断完善信息系统安全设备诸如防火墙、入侵检测系统、防病毒系统、认证系统等的性能，采取访问过载、动态密码保护、登录 IP 限制、网络攻击追踪方法的技术手段，强化应用数据的存取和审计功能，确保系统中的用户个人信息得到更加稳妥的安全技术防护。第三，加强技术规范。对那些重要和关键的数据信息进行加密保护，只有通过身份授权或解密情况下才能进行访问和查看。同时，规定多人管理重要和关键信息的制度，限制个人信息掌握者的权限，不能由一个人掌握全部信息，使每个层级的相关人员只能掌握相应的有限信息。

总之，大数据环境下个人数据应用的隐私保护是一个复杂的社会问题，不仅涉及道德、法律、行业、技术等诸多领域，也涉及大量的个人、群体、企业和机构。人力资源管理者应该熟悉本国保护网络隐私权的法律法规。同时，由于互联网技术发展迅速，更新周期短，立法有时很难达到与技术的发展同步，人力资源管理人员及时关注行业指导与自律规则也同样重要。在此基础上所进行的人力资源管理，有助于避免企业陷入侵犯员工隐私的困境，保障企业和个人的共同利益。隐私权保护同时也是企业与客户、合作伙伴、员工以及其他利益相关者之间建立信任关系的基础。企业必须与用户进行充分沟通，让他们了解自己的信息将如何被使用，并制定出符合隐私保护的数据政策和法律法规的企业使用数据的相关规定，使员工的个人信息得到规范的保护。

第二节　雇佣歧视

一、雇佣歧视的概念

使用大数据技术实施人力资源管理，企业所要面临的最大问题是雇佣歧视。关于雇佣歧视，美国平等就业机会委员会指出，个体在组织的招聘、培训、评估、薪酬设计与发放、晋升、辞退等环节由于种族、肤色、国籍、性别、年龄、宗教信仰等因素受到区别对待，即发生雇佣歧视，主要体现为性别、种族、信仰、容貌、年龄、出生地以及残疾歧视。从本质上看，雇佣歧视是指雇主基于对劳动者与生产力无关的个性特征的评价，并因为这些与劳动者个人在工作中表现出来的与劳动生产率或工作绩效无关的特征而受到区别对待。

二、大数据对雇佣歧视的影响

大数据对雇佣歧视的影响表现为以下三个方面。

第一，大数据对个人隐私的威胁导致求职者个人信息被营销活动记录，营销活动通过分析个人信息塑造模拟客户形象，进而将其与特定的产品和服务相连接。

一个美国的案例可以体现大数据是如何产生雇佣歧视的。达内尔和杰弗里正竞争着同一岗位。老板为了做进一步的了解，到谷歌上去搜他们的名字。当搜索"达内尔"时，页面出现大量关于大头照搜索与犯罪背景查询的广告；当搜索"杰弗里"时则出现一些无伤大雅的广告，如食品处理器与火奴鲁鲁旅行。研究表明，在网络搜索典型的黑人名字，如达内尔和拉坦娅·斯威尼，大头照搜索与犯罪背景查询广告的数量会比搜索典型的白人名字时多。可以看出，基于算法的广告投放看似无害，但第一印象是非常重要的，类似的广告投放优化技术会把一整个族群陷于不利境地。类似的营销手段会为企业招募和选择员工带来一定的消极影响。美国参议院委员会的一项调查表明，数据销售商在出售消费者档案时，会为档案贴上各类标签，如"二类城市其他族裔挣扎者"，以方便营销人员找准自己的目标。数据行业是一个价值数十亿美元的产业，他们出售的数据（如网上购物信息和健康状况）不包含姓名。但多项研究表明，不含姓名的信息经过处理，可轻易重构出完整的个人档案。因此，大数据在一定程度上为雇佣歧视提供了数据支持，雇佣者对大数据预测准确性的信任加剧了企业雇佣歧视。

　　第二，申请者是否注册了社交网站也是造成雇佣歧视的一个因素。假设有两个申请者，一个拥有家庭型的社交网站，另一个根本没有社交网站。雇佣经理会推断第一位候选人是家庭型人格的概率，而对另一位候选人是否也是家庭型他就很不确定了。如果这位经理很看重家庭型人格的话，第一个人则更有可能被录用。对于那个只有简历、没有社交网站的申请者来说，这就产生了雇佣歧视。如果大多数没有社交网站的工作申请者都是少数群体成员会怎么样呢？由于没有社交网站，组织对他们的了解程度不够，因此他们被组织考虑录用的可能性降低，这就产生了对少数群体成员工作申请人的不利影响。不利影响是美国公平就业机会委员会在其颁布的《员工甄选程序统一指导方针》中的专属名词，即除非证明与工作相关，否则如果那些看起来中立的雇佣政策导致少数群体成员就业的人数减少，这些政策就该在法律上受到质疑。根据 Fisher 的报告，非洲裔和拉美裔构成了美国人口的 15%，而使用 LinkcdIn 的黑人只有 5%，拉美人只有 4%。组织如果使用社交网站做最终甄选，这种行为则彰显了对非主流工作申请者的不利影响。如果工作申请者就不利影响提出诉讼，那么寻找证据的重任就落在了组织这一方。他们需要证明这种甄选过程的合理性。如果数十年来的雇佣决策都是在不考虑社交信息的前提下做出的，很多发布到社交网站的信息都明显与工作绩效无关，雇主就可能很难提出令人信服的理由表明使用社交网站确实提高了雇佣决策的质量，因为他们缺乏有效的经验数据。到目前为止，还没有公开发表的研究成果证明这种经验有效性。

　　另外，社交网站的内容还可能产生新的雇佣歧视。Career Builder 在美国对 2100 多名招聘经理和人力资源专员展开了调查。数据表明，在借助社交媒体筛选求职者的招聘经理中，约有 43% 的公司在做出最终录用决定之前，通过网络社交媒体对备选者做进一步的审核，这一数字比去年提高了 9 个百分点。那么，对那些只有简历没有社交网站的申请者来说，就产生了雇佣歧视。调查结果还显示，可能引发求职者与职位失之交臂的因素包括：上传具有挑逗性的不拘小节的照片（50%），分享包括酗酒和吸毒的信息（48%），对前雇主恶言相向（33%），具有种族、民族和性别歧视的倾向（28%）。反之，求职者在社交网站上的某些信息，例如，求职者展示出的专业形象（57%），喜欢求职者的个性（50%），求职者多才多艺、兴趣广泛（50%），其他人的极力推荐（38%）。同社交网络招聘类似，基于企业内部协同管理平台、云沟通平台等，公司也可能会因员工上传的照片、对工作的抱怨、对上级的议论、对同事的不友好评论等与其工作本无任何关系的言论或照片而造成管理者对其的负面影响和评价，从而丧失培训、加薪或晋升机会。事实上，以上大多信息都与岗位的任职资格和劳动者的生产力无关，公司由此而区别对待职位申请者或内部员工都是雇佣歧视的表现。

第三，在大数据背景下，如果大数据预测技术通过对大量历史数据的分析得出女性员工的总体绩效水平低于男性，那么企业很可能在定岗、定薪、培训、晋升等方面给同一岗位不同性别的员工区别对待；如果预测到刚毕业的大学生组织忠诚度水平普遍较低，那么企业就可能减少对应届生的招募录用。大数据的预测功能可以对员工的发展道路进行预测，虽然在一定程度上为企业培训提供了支持，但是对于选择放弃该员工的企业就会产生雇佣歧视。

三、降低雇佣歧视的措施

雇佣歧视对雇佣双方都有极大的影响。对员工而言，他们的不公平感增加，工作紧张感上升、工作满意度下降、产出降低；对组织而言，雇佣歧视虽在一定程度上可以使企业获益，如招聘到更完美的员工，但是会使组织增加诉讼风险、失去潜在的优秀员工、减少组织公正，进而造成员工士气低落及绩效下降等。为免遭反歧视诉讼，公司在进行关乎员工个人利益的重大决策时，如招聘与解雇、奖励与惩罚，如果想依靠大数据预测做出决策，必须做好特定的防护措施以及相关的记录，例如，公开用来进行预测分析的数据和算法系统，具备由第三方专家公证过的可靠、有效的算法系统以及明确提出个人可以对其预测进行反驳的具体方式，通过公开、公平、可反驳三大原则来保证个人对系统的监督，确保对员工行为的评判是基于已经发生的真实行为而非单纯依靠大数据的预测，也要确保员工所得到的奖励与惩罚都是基于与劳动生产率或工作绩效相关的行为而非员工的个人特征，以保证组织的程序公平和结果公平。

首先是法律层面，世界各国都通过了严格的反歧视法案。美国的《民权法》明确列出了法律禁止的歧视行为，其中包括种族歧视、肤色歧视、宗教歧视、性别歧视和国别歧视，并由此成立了独立的政府机构即平等就业机会委员会，专门负责执行反歧视立法。美国联邦参议院还通过禁止雇主以性倾向和性别认同解雇员工的"雇佣反歧视法案"。英国的反歧视法律主要体现在了成文法中，以《平等工资法》《性别歧视法》《种族歧视法》和《残疾歧视法》等四个法律为代表，这些法律的调整范围包括：就业准入、职业培训、职位晋升、教育、工作条件、商品、服务或者设施的提供等事项。另外，英国还针对不同的对象分别设立专门机构来保障反就业歧视法的贯彻和实行。在我国，《就业促进法》与《劳动合同法》的施行也为反就业歧视诉讼提供了明确的法律依据。《就业促进法》不仅明确要求向劳动者提供平等的就业机会和公平的就业条件，禁止在就业领域歧视妇女、少数民族公民、残疾人、传染病病原携带者及农村劳动者等群体，而且首次为平等就业权的权利救济提供了法律依据，该法第 62 条规定，"违反本法规定，实施就业歧视的，劳动者可以向人民法院提起诉讼"。该条规定从法律体系的逻辑结构上实现了与宪法中规定的公民平等劳动权的衔接，从而保证了宪法性权利表述与权利保障的逻辑一致性。但是，我国《劳动法》和《就业促进法》等单行法中关于平等及反歧视的规定缺乏具体可操作的歧视认定及惩处程序，还需国家进一步完善和落实。

其次，可以通过大数据使用环节，减少雇佣歧视。假设社交网站招聘会引发不利影响，并可能由此带来雇佣歧视诉讼，组织和人力资源经理应该如何应对？研究表明，如果雇佣经理把社交网站和其他不带来不利影响的选拔方法相结合，如与传统面试、笔试、情景模拟等结合起来应用，则会降低不利影响。或者说把带来不利影响的选拔手段在甄选过程的后半部分使用，不利影响也会变小，雇佣质量也不会因此降低。伯科威茨建议把面试安排在搜索候选人的社交网站之前，这样能够保证获得准确的社交信息。毋庸置疑，有些组织仅在最终甄选时使用社交网站信息。其他一些组织则与此相反，他们倾向于在初选时使用。菲舍尔建议，不论何时使用社交信息，人力资源管理者都应该保留所有候选人的书面记录以及他们不被录用的原因。一旦将来产生诉讼，这种做法能够保护公司。

最后，加大数据分析力度以提高总体内个体之间的差异性。企业发生雇佣歧视的过程中人为因素占很大比例，这个过程可以分为两个阶段。第一阶段是大数据为雇主提供申请人资料，既包括社交网站上的直接资料也包括搜索引擎提供的已经加工分析过的间接内容。第二阶段则是雇主人为分析这些数据资料。实际上这个过程并没有充分利用大数据的分析和预测功能，造成了人为的雇佣歧视。例如，雇主通过浏览申请人的社交网站或者通过申请人是否有社交网站来判定其素质和潜能，并且易受到网站营销信息的影响。因此企业不仅要利用大数据提供的申请人信息，也应对大数据应用与申请人素质分析的开发加大力度，以减少人为因素的影响。产生雇佣歧视的原因之一是企业甄选员工成本增加，相对来说，统计性歧视会降低企业甄选成本。统计性歧视是通过对某一总体的共性特征来推断总体中某一个体的特征，并以此特征作为判别依据，实现对人的甄选的行为。通过加深大数据的应用程度，提高感知到的总体内个体之间的差异性，真正将大数据应用到申请人素质和潜能分析之中。

使用大数据技术可以带来效率提升，许多知名企业已经开始充分利用大数据建设所形成的核心竞争力，不断推进产品创新、管理创新和流程创新。然而，大数据在为企业带来生产和管理能力提升的同时，也带来了IT成本的居高不下。一方面企业信息化建设会节省大量资源成本，IT系统应用会增加大量利润收益。但是另一方面，大数据系统建设本身所需要的高昂成本使得不少企业望而却步。在我国，能利用大数据背后产业价值的行业主要集中在金融、电信、能源、证券、烟草等超大型、垄断型企业，其他行业短期内想要利用大数据的价值还存在一定困难。随着企业内部的资料量愈来愈大，日后大数据将成为IT支出中的主要因素，特别是数据储存所耗费的成本，很可能造成企业负担。

从大数据集的硬件支出管理方面来看，最初可能只需要10节点的Hadoop（Hadoop已被用在包括Facebook、LinkedIn、Yahoo等众多流行的网站之中）集群，但是到后期这个数字会成倍增加。一个处理PB级（125~250节点）规模数据的HadooP集群的费用大约为100万美元，这是大数据分析软件中比较廉价的，而每个节点每年的费用为4000美元。而Oracle（甲骨文股份有限公司）一个50用户的企业版数据库则不到40万元，而普通的人力资源管理信息系统的购买成本将更低廉。另外，这也会引出更多连带成本，例如，数据从数据库转化到大数据分析软件转换过程的成本，额外的监控人员以及监控软件的成本。如果需要对数据流进行实时分析，还需要跟踪特殊的关键绩效指标或者数据可视化工具进行监控，这些都增加了成本支出。大数据的能耗成本也很高，据Ganner统计，我国现有各类数据中心 40 多万个，能耗已经占到我国全社会用电量的 15% 左右。在一项针对数据中心的调查中，62% 的企业认为，数据中心面临着诸如散热、供电、成本等问题；23% 的企业认为，其数据中心供电和散热能力不足，限制了 IT 基础设施的扩展；19% 的企业认为，其数据中心的耗电量太大，费用超高；还有 17% 的企业认为，机房温度过高，影响了计算设备的稳定运行，从而导致一系列问题的出现。很显然，在全球能源成本不断上涨的大背景下，数据中心的节能降耗成为首要问题。多家第三方机构的调研表明，大部分数据中心中的服务器和网络设备的利用率仅在 24%~30% 之间，有的 CPU 利用率、硬盘利用率甚至在 10% 以下，造成服务器资源的大量浪费。如何最大限度地发挥现有系统的资源以及优化系统架构，是传统数据中心向绿色数据中心转变过程中首先要考虑的问题。

大数据技术的应用还会带来人力资源成本的增加。一方面，大数据让服务器不断增加，机房不断扩大，空调制冷量也不断加大，因而带来的直接影响是用电量的增加和管理人员的增多，数据中心的运营成本直线上升。调查显示，数据中心超过一半的 IT 预算发生在人力成本上，IT 运维预算在 80%~90%，重复任务会带来重大成本浪费和人为错误的发生，为企业带来无形压力。另一方面，为处理数据治理问题，企业往往需要设立专人专岗进行数据价值的发掘，这必然要增加企业在人力资源方面的开支。例如，企业在高校或社会中招募数据治理相关的人才，必然会发生招募人员时的招募费、选拔费，还有入职之时企业对招募人员的开发所支付的各种安置费、培训费、再教育费、进修费、工资、奖金、保险等一系列费用。招聘网站显示，从 IOS 软件开发工程师到 J2EE 技术经理，从大数据平台开发工程师到大数据分析师，从电子商务支持岗到创新渠道支持岗再到系统架构工程师，与信息技术相关的岗位是多家保险公司渴望填补空缺的热门职位，企业给这些岗位的年薪从 10 万元到 30 万元不等。这些岗位的职责包括：大数据项目的开拓和实施；根据实际项目需求，完成大数据项目的开发和实施；帮助完成大数据项目整体架构，开展必要的技术迁移、性能优化等。而从岗位招聘设置的要求来看，"本科以上学历，计算机、应用数学相关专业；精通 Java 语言，熟悉网络编程、IO 接口编程、多线程并发编程；熟悉 Linux 环境与 MYSOL 数据库；熟悉 Python 脚本编程为佳；具备较强的代码阅读能力"等条件反映出，企业招聘此类人才极其看重其 IT 专业性。

无可否认，大数据给企业人力资源管理带来新的机会，但在短期内想要达到令人接受的投资回报率确实是一个不小的挑战。因此，引进大数据技术进行人力资源管理时，企业必须做好成本控制，防止大数据技术陷入"成本黑洞"。企业管理者可以从以下三个方面考虑：第一，评估企业引进大数据集硬件设备的必要性。一个企业是否要引进大数据集硬件设备应该取决于企业自身的需求，而不是硬件设备本身，要考虑大数据集是否能够给企业带来管理便利、为管理变革和流程创新提供支持。第二，确定企业在信息技术上的预算投入边界。包括公司对 IT 的能力要求、行业竞争对手、公司经营规模和损益承受等。IT 预算规划是公司战略行为，要紧密结合公司战略，涵盖公司战略性诉求和管理性诉求。第三，降低运行成本。除了系统建设初期阶段的集中投入，对于系统投入运行之后的运行和维护费用，企业仍不可忽视。IT 系统的特点决定了信息化建设是一项长期的任务，它需要定期对软硬件进行维护，为新进的用户提供培训，根据业务发展调整系统功能等。这些工作都是保证 IT 系统正常运行的必要投入，也是 IT 成本的组成部分。

第三节　数字鸿沟

数字鸿沟是一种"技术鸿沟"，即先进技术的成果不能为人公平分享，于是造成"富者越富，穷者越穷"的情况。"数字鸿沟"的本质是指以国际互联网为代表的新兴信息通信技术在普及和应用方面的不平衡现象，这种不平衡不仅体现在不同地理区域、不同人类发展水平的国家之间、不同经济发展水平的国家之间，同时也体现在一个国家内不同地区、不同人群之间。大数据背景下，除了衣食住行、医疗、教育、安全等基本品外，信息也应该被视为基本品。因此要求信息的公正分配，以及对信息技术及信息的普遍可获得。信息通信技术是目前企业提升竞争力的重要手段。然而在网络使用不断普及的同时，信息贫富之间的差距却在加剧。在信息"富有者"和"贫困者"之间形成的数字鸿沟愈演愈烈。数字鸿沟造成了对弱势群体的歧视，形成一种新的社会不公正。不同企业的技术以及水平不同，这势必会影响到企业对数据的收集和应用。

第四节　人力资源管理者的角色变换

大数据的收集、分析和处理需要专业的数据分析人才，而多数人力资源管理者在开发、利用大数据领域的应用能力仍显薄弱。人力资源管理部门应及时设立专门的进行数据分析处理的岗位，或成立由数据挖掘工程师、心理学家、人力资源管理专家组成的数据分析小组，负责建立起人力资源信息系统，实现各种人力资源业务的规律性、规范性以及数据化的管理。这个信息管理系统包含静态的数据、业务处理过程中的数据以及整合的人力资源信息数据。不同层面的人员均可以通过该系统获取自己所需要的各类数据，得到不同的分析处理结果，如人才供应链、能力培养与开发、绩效评价、员工关系等都可以从系统中提取数据，进而实现高效、协同的业务处理；同时可以将所属单位关联到系统中，形成企业完整、全面的人力资源管控模式。人力资源管理者要在日常管理中注重数据积累和整理，认真检视自己现有的数据资源和分析能力，尝试先从内部某个领域开始运用数据，特别是要从能为业务提供最高价值的领域开始，逐步筹划建设自己的数据库系统。具体说来，人力资源管理者的角色应进行以下转变。

一、数据维护者

大数据背景下无论是个人数据还是公司数据都更加容易被他人获得，因为数据泄露会置组织于尴尬境地，也会严正干扰他人的生活。因此，信息安全成为前提。我国目前规范隐私信息安全主要以名誉权的形式存在于《中华人民共和国宪法》（2018年）、《中华人民共和国民法通则》（2020年）、《计算机网络国际互联网安全保护管理办法》（1997年）等相关条款中，对信息应用的隐私保护依然薄弱，更多的保护来自技术的提高和个人保护意识。所以，人力资源管理者必须承担起数据维护者的角色，例如，在招聘时肩负储存和保护他们从社交网站所获得的候选人信息的职责。那么信息安全到底如何保证？数据挖掘公司是否能胜任管理企业员工社交网站信息的职责？如果是，企业愿意提供给数据挖掘公司什么样的信息？人力资源管理者应认真思考这些技术和隐私问题，并制订出解决方案。

今天，组织的人力资源管理不断重申一个理念："每一个管理者都是人力资源工作者"，这一理念之所以被反复强调，是因为今天的组织中"事"与"人"早已界限模糊，所有的管理者都应该承担人力资源开发和管理的职责。这就要求人力资源管理者扮演企业高层和各部门主管的战略伙伴角色（HRBP），工作性质由常规性向建设性转变，由以前的降低成本为中心向创造价值转变。例如，高潜力人才的挖掘和培养，管理者的测评与赋能，协助企业推动变革，改变管理者的思维模式，建设符合企业变革要求的文化等。在参与企业战略的过程中，人力资源管理者受到自身限制，不可能成为具体的业务操作者，但可以通过影响他人的行为、信念，达成目标的实现。这就是人力资源业务伙伴的意义所在。

基于HRBP的人力资源管理以企业经营和运作为基础，以业务部门具体需要为核心，以为企业创造价值为根本目的。业务伙伴型的人力资源管理在我国企业处于起步阶段，目前国外一些大型企业将人力资源部划分为三个部分，即人力资源业务伙伴（HRBP），人力资源专家和人力资源服务中心。各部分分工明确，共同完成企业人力资源相关工作。HRBP在其中扮演着桥梁和翻译的角色，将业务需要翻译成人力资源"术语"并提出解决方案，然后就专业问题与专家们讨论，得出最终的事务性、操作性工作，交由服务中心提供相关支持。因此，HRBP不只是一种具体职位名称，更是一种定位、一种全新的人力资源管理模式和管理理念。对于中小型企业，HRBP是广义的业务伙伴，即体现为HR的角色定位，HR是懂业务知识、业务范围，为业务部门的经营决策服务的重要主体。对于业务范围较广的大型企业来说，HRBP可以是人力资源部派驻到各业务部门的合作伙伴，需要基于传统的人力资源管理部门的组织架构进行再设计才能更好地发挥价值。

二、人才盘点者

大数据时代企业更需要凭借人才获取竞争优势，企业必须建立有效的人才选拔与培养机制。人才盘点作为人才培养的发动机，能够帮助企业识别出最优质的人才资产，确保人力资源工作的产出和成果。人才盘点是指对人力资源状况摸底调查，通过绩效管理及能力评估，盘点出员工的总体绩效状况、优势及不足之处，其目标在于塑造组织在某个方面的核心竞争力，主要做法是提前对组织发展、关键岗位的招聘、关键岗位的继任计划，以及关键人才的发展和保留做出决策。人才盘点之所以能够帮助企业培养人才，主要在于人才标准统一规范。例如，很多企业建立了领导力素质模型后，仅仅把它用于培训活动的设计上，没有用于管理者考核；或者仅仅用于考核，缺乏其他方面的配合，结果造成领导力的标准无法在公司上下统一，各部门对领导力的理解产生偏差歧义，最终的行为结果也不一致，组织很难形成合力。通过人才盘点统一人才标准后，对组织架构、人员配比、人才绩效、关键岗位的继任计划、关键人才的发展、晋升和激励计划，以及对关键岗位的招聘进行深入讨论，组织可制订详细的行动计划，真正将人力资源管理与组织战略结合在一起，体现人力资源的价值和对组织的贡献。

人才盘点的起点是对于组织的盘点，组织要设立未来2~3年的战略目标，并确立与之匹配的组织架构，设计工作岗位和分配岗位职责，实现组织与业务战略的匹配性。同时，管理者采用相同的工具、统一的标准进行人才评价，帮助企业推行统一的人才标准，形成"人才标尺"，在统一标准下发现高潜力人才，并在组织中推行开放的企业文化和建立学习型组织，为人才盘点打造良好的氛围。企业借助人才盘点识别出高潜力人才之后，还须结合组织需求和岗位特点，打造关键岗位的人才梯队，建立关键岗位人才储备库以及继任计划。同时，人才盘点的结果不能仅仅是一堆带有数据的表格，而是要转化为具体、可操作的行动计划。例如，万达学院在人才培育方面，通过管理改进、知识集市、案例汇集、项目演练等措施，对需要培育的人才对象进行知识萃取、分享和实践练习。通用电气克劳顿学习中心通过侧重于行动学习法，发展管理者的领导力，传播最佳实践、激发创新、推动组织变革。

人才盘点的核心是素质评估。素质评估的方法有很多，其中结构化行为面试是指按照通用素质模型的要求询问、收集被评价人以往的工作经验和工作行为、取得的成就及职业路径等方面的信息；360度反馈法既可用于测评也可用于人员开发，使用360度反馈法不能仅以绩效为导向，而是要制定统一的评分标准，同时要重视后期的反馈与沟通工作；敬业度调查用于及时诊断组织在人才管理方面的潜在问题，找出原因并为管理决策提供依据。此外，还可运用工作行为问卷和九宫格图等方法进行人才盘点与素质评估。

总之，人才盘点能够实现组织的人力资源战略与组织战略的合理匹配，有效控制人力资源成本。对组织而言，人才盘点可以识别出高潜质的候选人，有助于制定科学合理的人才招聘、职业规划、薪酬设计、培训开发等决策；对员工而言，人才盘点可以公平公正地评价及反馈其价值，明确自身定位，主动参与个人的职业生涯规划。

三、组织变革的推进者

对于企业来说，变革中最关键和最困难的是如何解决公司的人力资源问题。企业不仅要合适地、妥帖地安排老员工，更重要的是为发展寻找关键性人才。不仅要为企业进行一系列的业务变革，更重要的是从企业的远景规划出发，重新梳理人力资源，搭建更适合的组织架构，积极支持公司变革。人力资源管理者在这个过程中必须扮演重要的推进者角色。要想扮演好这个角色，人力资源管理者面临的挑战首先是决策和沟通模式，以及员工的思维转换问题，所以人力资源管理者首先要做好和公司各个层面的沟通，尤其是尽快化解抵制变革者的对立情绪。同时，人力资源管理者还要带领和帮助企业完成平衡转变，及时强化内部的培训，协助员工适应变革发展、提高员工满意度以保证队伍的稳定性，提升整个组织的能力。

人力资源管理者成为变革推进者，最好能确定一个推进变化的流程，为直线管理人员提供一整套关于管理变化技巧、系统分析技术、组织变革、人员变革的咨询和服务，成为变革的原动力，上通下达，帮助和推动整个企业实现变革。

参考文献

［1］毛泽昀，李蕾，李钰颖，等．大数据背景下中小企业人力资源管理模式研究——以西安华丰公司为例［J］.中国市场，2023（4）：3.

［2］陈国栋．大数据背景下事业单位人力资源绩效管理的改革路径［J］.中文科技期刊数据库（全文版）经济管理，2023（3）：4.

［3］徐辰斐．新时代背景下大数据对人力资源管理的影响［J］.中文科技期刊数据库（全文版）经济管理，2022（10）：4.

［4］陈昌海．大数据背景下企业人力资源绩效管理创新策略［J］.中文科技期刊数据库（全文版）经济管理，2022（11）：3.

［5］韩莹．大数据背景下事业单位人力资源管理模式的创新研究［J］.市场调查信息：综合版，2022（21）：00167-00169.

［6］吕真钰，原瑛．大数据背景下人力资源绩效管理创新策略［J］.全国流通经济，2022（21）：85-88.

［7］祝成钰．大数据背景下如何实现人力资源管理模式创新［J］.全国流通经济，2022（4）：3.

［8］王岑岑．大数据背景下上市公司人力资源管理的创新研究［J］.商情，2022（50）：0061-0063.

［9］张军辉．探析大数据下的国企人力资源管理创新［J］.现代商业，2022（14）：82-84.

［10］刘若晨．大数据背景下的企业人力资源管理研究［J］.大众商务，

2022（17）：0279-0281.

　　[11]罗彦.大数据背景下人力资源管理问题研究［J］.市场周刊·理论版，2023（12）：4.

　　[12]刘敏.大数据背景下人力资源管理浅探［J］.大陆桥视野，2022（12）：3.

　　[13]张晓燕.大数据背景下人力资源管理的作用，限制与提升路径［J］.北京财贸职业学院学报，2022，38（4）：54-57.

　　[14]徐国富.大数据背景下企业人力资源管理的问题与策略［J］.今商圈，2023（1）：4.

　　[15]李岩.大数据背景下的人力资源管理创新应用［J］.黑龙江人力资源和社会保障，2022（13）：3.

　　[16]王炜.大数据背景下的人力资源管理创新应用［J］.中文科技期刊数据库（全文版）社会科学，2022（9）：4.

　　[17]张媛.浅谈大数据背景下人力资源管理改革创新路径［J］.中文科技期刊数据库（全文版）社会科学，2022（10）：3.

　　[18]梁萍.大数据背景下企业人力资源管理变革探究[J].中国市场，2022（17）：3.

　　[19]李涛.大数据时代企业人力资源管理模式创新研究——评《大数据背景下企业人力资源管理研究》［J］.领导科学，2023（1）：1.

　　[20]李智超.大数据背景下国企人力资源管理创新研究［J］.中文科技期刊数据库（全文版）社会科学，2023（2）：3.

　　[21]宋文杰，张琦.大数据背景下企业人力资源管理内部创新研究［J］.企业科技与发展，2022（12）：4.

　　[22]张晓碧.大数据背景下企业人力资源管理面临的挑战与对策[J].产城：上半月，2022（4）：3.

［23］秦欢欢，闫云娜．大数据背景下企业人力资源管理模式创新［J］．中文科技期刊数据库（全文版）社会科学，2022（7）：4．

［24］胡雯雯．大数据背景下企业人力资源管理模式的创新研究［J］．老字号品牌营销，2022（12）：3．

［25］王敬斋，王晓平．大数据背景下人力资源管理专业跨境劳务课程体系改革研究 ——以广西民族师范学院为例［J］．科技风，2022（9）：124-126．